JN100557

人のつながりの歴史・民俗・宗教

―「講」の文化論―

長谷部八朗 監修／講研究会編集委員会 編

八千代出版

緒　　言

　本書は歴史学、民俗学、宗教学における講研究の成果を基礎として、人がつながりを形成し、活用し、存続させていく様相をとらえ、集団形成にまつわる文化を学際的に学ぶねらいのもと、学生や一般の読者の学習に使えるテキストとして編集した。集団が織りなす文化の実態を学ぶことにより、人がつながりを作り集団を成すという普遍的な事象から、つながりの文化を考えることが可能になる。

　本書はそのために「講」という日本独特の集団を素材としてアプローチする。そこで、「講」に関する基礎的な知識や情報の概説を軸にしながら、人のつながりという主題を見据える構成を採っている。学生や一般の読者を対象とした講の概説書はこれまでなかったため、「講」に関する初めての手引書でもある。

　第1部は「地域」に着目する。生活領域に密着した「講」の諸相をみることから、地域の暮らしのなかで「講」による人のつながりが重要な役割を果たしてきたことを確認する。第2部は「歴史」から「講」を論じる。教団形成のさまざまな段階に「講」が表れ、「講」による寺社参拝が地域を越えた信仰の広がりを促し、文化形成の一端を担った。それを可能にした人のつながりのあり方を考える。第3部では「講」だけでなくさまざまな目的で結ばれた集団、いわば「講の周辺」をも視野に入れて論じることで、重層的な人のつながりの様態を浮き彫りにする。この3部構成は、「講」とその周辺の集団が歴史的に変遷する側面と地域社会や教団組織などをとおして民俗や宗教と結びついた側面を組み合わせながら、人のつながりをめぐる文化のさまざまな側面を学ぶことができるように企図している。

そして、本書をとおし関心を深めた人は、是非「特論」へ進んでほしい。身近なところから「講」の情報をつかみ、資料を探索していく方法をまとめたのが「特論」である。学生のレポートや論文の執筆をはじめ、本書を手に取った方々の探究の役に立つことを願っている。

　講研究のメルクマールとなっている『講集団成立過程の研究』を著した桜井徳太郎は、「講的人間結合の本質」の解明をその課題にあげていた。本書の主題とした人のつながり＝人間結合の面で「講」の特質は何か、という問いが桜井の講研究には含まれていた。本書の編者である講研究会では、桜井の問題意識を発展させ、本書でいう「講の周辺」の諸集団も視野に入れて、社会的・歴史的な広がりのなかで生成・消滅・変容を重ねてきた講の動態を探り、人間結合の観点から、講研究の進展をめざしてきた。本書が人のつながりを主題において、「講」と「講の周辺」の諸集団を題材にこれを考究するテキストとなったのは、その成果の積み重ねによる。本書を読んだ皆さんが、日本社会に根づく人のつながりの文化の一つとして、講集団に関心をもってくだされば、研究会のめざすところを一つ実現したことになろうかと思う。

　本書によって人のつながりの文化を学ぶことは、学んだ人自身もさまざまなつながりに囲まれて生活していることに気づくことにつながるだろう。それが読者にとって、特にこの本をテキストとして手に取った学生諸君の将来に対して、何かしらの役に立てば、編者にとって望外の喜びである。

2022 年 2 月 14 日

講研究会編集委員会

石本敏也　市田雅崇　乾賢太郎　髙木大祐　西村敏也　牧野眞一

目　　次

第2部　「講」の宗教史

序　章

「講」とは何か
（長谷部八朗）

講の起こり　講という語は元来、仏教の術語で、経典を講義し、その意義を説く法会を起源としている。法会は仏教の儀式・集会を広くさすが、このように特定の経典を読誦・講説する意味をさす場合は「講会」という言い方もされる。こうした経典講説の法会の出現は日本に仏教が伝来した古代にさかのぼる。したがって、講の語源も古代に発するといえる。

　法会は仏教の儀式・集会の意と述べたが、特定の経典を対象とする場合には、それを単に講説するだけでなく、国家・社会の安寧祈願や死者供養などのために読経する行為を合わせて行う例もみられる。特定の経典や仏・菩薩の名前を頭に置いて「〇〇法会」「〇〇講会」と称するが、「〇〇会」「〇〇講」と呼ぶ場合もある。たとえば、仁王般若経が対象であれば、仁王般若法会・仁王般若講会の表記に加えて、仁王般若会・仁王般若講、仁王会・仁王講などの用例もみられる。7世紀半ばには、宮廷内で初の仁王般若経にまつわる法会が催されている。奈良、平安と時代を経てこの種の法会が増えていくにつれ、「〇〇会」「〇〇講」の名称が多く用いられるようになった。法華経を講説する法会であれば、法華会、法華講と呼ばれた。8世紀半ばには東大寺で初めて「法華会」が開かれている。また奈良時代末から平安時代初めの頃には、「法華八講」が行われるようになった。法華八講とは、法華経8巻を講師が朝夕1巻ずつ

1

講義し、質疑に答える法会である。法華会が国家・社会の安穏を祈る性格が強いのに対し、法華八講は、死者の追善供養に主たる目的があった。このような死者供養の性格をもつ法会は一家一族の結びつきを確認し、促進することにもつながり、皇族や貴族のあいだに法華八講の開催を発願（ほつがん）する人が増えていった。

　また、皇族や貴族のほかに僧侶が願主になる例もみられるが、平安時代中頃から活動が目についてくる「聖（ひじり）」がその役割を担う例もあった。聖は山林修行を実践しながら遊行し、人びとに仏教を説き勧める、半僧半俗の宗教者である。この聖のなかには、持経者と呼ばれる、とくに法華経を篤く信仰する宗教者がおり、法華経信仰の庶民社会への普及に大きな役割を果たした。

　法華経を例に述べてきたが、古代日本においては、僧侶の経典講究を主眼とした「法華会」などと称される法会から、貴族や庶民を対象とした祈願や供養などの信仰的性格をもつ「法華八講」と称される法会へと変遷した。この「法華八講」の広がりは、「〇〇講」という表現が一般化していく契機として注目される。その影響は他の法会にも及び、阿弥陀講、薬師講、弥勒講、観音講、地蔵講、仁王講など、講を称するさまざまな法会がみられるようになる。

| 講の広がり | こうして、講は仏教から生まれたが、やがて神道の神社や祭神などの名称を冠した講も出てくる。氏神講、鎮守講、権現講、熊野講、八幡講ほか多くの例があげられる。

　伝来した仏教は、皇族や貴族の社会を経て民間に広まる過程で、日本古来の神道と習合しながら受容されていった。この神仏習合を背景に、仏教に発する講の神道化がはかられたといえよう。

　また、仏教が民間に広まる以前の地域社会には、在来の神道と結びつく形で、自然界のさまざまな事物や現象に霊的、呪術的な力を

認める民間信仰（類義語に民俗宗教、民俗信仰がある）が存在した。仏教は、この民間信仰とも習合しつつ、地域社会に受容されていった。仏教的講の地域社会への広がりは、こうした神道や民間信仰との結びつきを介して展開されたのである。民間信仰に関する講には、後述するように生活の安寧や、生業である農山漁業の安全・成果などの祈願を主要な目的とする例が多い。

　中世以降、世のなかの生産活動の分化が進み、地域社会は政治的にも経済的にも複雑さを増す一方、人びとの自治意識も高まっていく。こうした状況において、講は相互扶助的な役割を担う形で地域社会を中心にますます増加していった。それは、従来の信仰的な講の拡大に加え、互助的な金融組織としての講や大工・鍛冶のような職人仲間で作られた講などの形成を含んでいる。

　近世になると、金融講や職人講は一層増えていった。また、街道や宿駅の整備など交通網が発達するにしたがい、講を介した信仰活動も地域的な広がりをみせ、居住村落の外部、それも宿泊を伴う遠隔地の寺社への参詣を恒例化する講が増加した。

　近世には、村落だけでなく都市においても、講が出現した。とくに江戸市中には目立ち、盛んに活動した。それらの講は、仏教、神道、修験道などの系統を引く宗教者を講元として、同じ信仰をもつ講中（講員）から成っていた。とくに題目講、念仏講、伊勢講、富士講、御嶽講などが多数結成された。講の集会が活発に行われていた様子は、幕府の発した法令からも見て取れる。たとえば、元禄7（1694）年10月には、町中の表通りの民家で題目講、念仏講と称して大勢が寄り合い、鐘や太鼓をたたき、題目や念仏を唱えることを禁じる法令が出されている（長谷部［2003：69-70］）。また、江戸市中で活動する富士講の盛況ぶりは、「江戸八百八講」などと称さ

れた。近世期には、こうした特定の信仰対象や教えにもとづき結成された講が、仏教・神道・修験道などにわたって著しい増加をみせた。

　明治時代になると、政府は近代国家創出のためさまざまな政策を実施したが、宗教改革はその重要な一環であった。まずは従来の神仏習合を否定し、神道の国教化をめざして「神仏分離」をはじめとする宗教政策を打ち出した。神仏各宗派・教派には当の政策に関する通達が出され、それにもとづき、各宗派・教派は施策を講じる。講は同じ関心や目的をもつ人びとのあいだで任意に結ばれる性格の強い集団であり、特定の宗派・教派と関係する場合も、その組織内の構成単位というより、むしろ外郭団体的な存在として周辺に置かれた。そうした性格をもつ講が、明治政府の宗教政策のもとでは、設置、活動、廃合に至るまで規制の対象とされたのである。たとえば、明治7（1874）年7月に出された「教院講社設置出願手続」という通達は、設置をめぐる規制の一例である（高松［1902：129］）。

　一方、近世末から近代にかけて、既成宗教の土壌から新たな教えや価値を説き、実践する「新宗教」の教団が盛んに生まれた。神道系では「教派神道」と総称される諸教派が次々と形成されている。そのなかには、山岳信仰、修験道などの系統を引く教団も含まれる。仏教系でも、日蓮系を中心に多くの教団が生み出された。これらの新宗教教団は概して、近世期に由来するところの、特定の信仰で結ばれた講のなかから誕生し、発展している。その後日本は近代化の道を歩むが、戦後の経済成長期を迎えると、生産構造の変化、過疎化や都市化の進展、生活様式の合理化など従来の講の活動を支えていた社会背景が変容したのに伴い、講は減少傾向をたどっている。

| 講研究の歴史 | 講の発生は古代仏教にさかのぼり、以後、長い歴史を経て多様な集団とその活動の形態を生み出し

てきた。それに伴い、講の研究も、歴史学、社会学、民俗学、宗教学、あるいはそれらの複合領域で幅広く行われてきた。

　そのうち、講研究にいちはやく着手したのは歴史学者で、明治、大正期に法制史の分野で金融講の著作が出されている。また昭和の戦前期には、肥後和男の宮座研究、笠原一男の報恩講研究、新城常三の伊勢講に関する社会経済史的研究などが、隣接する専門諸分野も含めたその後の講研究に影響を与えてきた。

　講の社会学的研究の初期の成果は、同じく昭和の戦前期に、農村社会学の分野で数多く出されている。それらは主に、日本農村の特定地域の実態調査にもとづく論考であった。そうしたなかにあって鈴木榮太郎は、日本農村の各地の実態を踏まえつつ、村落社会の構造原理を追究する研究の一環として講の集団的性格に着目した（鈴木 [1940]）。すなわち、鈴木は、集団理論に関する社会学の諸学説を援用しながら、講を「社会集団」の一種ととらえたのである。その社会集団は個人間の社会関係を基礎に形成されるが、実際の社会関係は粗密があって均一ではなく、したがって現実の集団は「組織化」のさまざまな段階を包含している。鈴木は、そのような見方に立って、日本農村に存在する集団を 10 種類に分類し、その一つに「講中集団」を含めている。そして、10 種の集団類型のうち、最も数が多く、しかも多種多様な形態を有するのが講であろうと述べ、この「講中集団」についても、「組織化」の程度によって 6 種類に分類している。

　鈴木とほぼ同じ時期に、やはり集団理論の立場から講に関する社会学的研究を行ったのが内藤莞爾である（内藤 [1943、1978]）。鈴

木と内藤を比較すると、鈴木は農村社会に存する近代以降の講一般を対象としたが、内藤は中世までの念仏系の宗教講を対象としている点が異なる。一方、講を「社会集団」の一種と位置づけ、かつ「結社」の概念と関連づけてとらえようとする立場は両者に共通している。「結社」とは、特定の関心をもつ人びとのあいだで、ある目的を達成するために結ばれた継続的な結合関係を意味する。鈴木は農村における講の多様な実態をさして、「自然発生的な結社という程の意味」に解されるとする（鈴木 [1940：317]）。内藤は講の歴史をたどって、「講経」としての集会から始まり、仏教儀式である「法会」としての講を経て、「結社」という社会集団としての講の形で大きく発展したと指摘する（内藤 [1943：1-11、1978：71-78]）。鈴木や内藤が、結社の視点から講を把握する見方を示したことは、講の研究史を考えるうえで特筆される。こうした見方は、今日の民俗学的、社会学的講研究では一般化した観がある。たとえば、両分野の主要辞典である『日本民俗大辞典』『新社会学辞典』の「講」の解説では、そのことが明示されている。しかし、その淵源についてはこれまで言及されてこなかった。鈴木と内藤の当該論文を比べると前者の方が若干早く刊行されているが、研究史を概観するかぎり、ほぼ両者の言説が、結社としての講という見方の先駆的な流れを形成したといえる。

　農村社会学者による地域社会調査が盛んになるにつれ、その主要な集団単位の一つである講への関心が高まりをみせる一方、民俗学の分野においては、柳田国男の編集による『山村生活の研究』が出版される。柳田の主宰する郷土生活研究所の同人らが、昭和9（1934）年から12（1937）年にかけて実施した全国的な山村調査の一環として講を取り上げ、論じている。その後、これらの歴史学、社会学、

民俗学の先行研究を体系的に検討したうえで、民俗学を中心に独自の視点から講を追究したのが桜井徳太郎である。ここでいう独自の視点とは、日本の民衆生活史を探るための手がかりとして講に着目したこと、仏教の信仰結社であった講が地域の土着の信仰との接触を経ながらいかにその社会に受け入れられたかという動態に着目したこと、をさす（桜井 [1962：2-3]）。

| 講の一般的特徴と
類型化の主な経緯 |

講の形態は多様であるが、それらのあいだにおおむね共通する特徴も認められる。講のもつそうした一般的な特徴として、次の諸点があげられる。

①講員のあいだで一定の関心にもとづく目的が共有され、その目的を果たすために結ばれている。

②講の加入・脱退は基本的に講員の自発的意思にもとづく。

③講員どうしは、たとい特定の講元や世話人が存在しても、全体としては互いに対等な関係にある。

④講員は、その集団目的を達成するために相互扶助的に活動する。

⑤講員間の関係は緩やかで、講員の行為に対する強制力も希薄な反面、組織の凝集力を維持・存続するうえでの安定性は脆弱である。

こうした集団の構造上の類似性がみられる一方で、その目的や役割の内容は多岐にわたり、それに応じて多種多様な講の形態が生み出された。

ところで、多様な形態をもつ講を包括的に理解するためには、講の実態を体系的に分類・整理する必要がある。もとより分類作業は一定の規準に沿ってなされるわけだが、各地の農村を中心とする地域社会を主要な存立基盤として形成されてきた講は、地域社会の人びとの生活全般にわたってかかわることが多く、それを類型化する

にはさまざまな基準が考えられる。したがって、それぞれの講の役割や働きを総合的にとらえることのできる分類方法を設定するのは難しいし、実際そうした条件を満たした分類例は未だ見当たらない。そうした制約はあるが、そのうえで比較的よく用いられる例をあげるとすれば、宗教的講、経済的講、社会的講という分け方になろう。この分類に関する原初的な記述は内藤の論文にみられる。内藤は、講を目的・機能によって宗教講、経済講、その他の目的をもった講の３つに分類し、そのうちの宗教講を主題に据えて、それを宗教的、経済的、社会的・集団的の３つの側面から考察している（［内藤［1943、1978］）。その後、講の機能の相異によって宗教的、経済的、社会的の３類型に分ける方法が、桜井によって提示された（桜井［1976］）。ただしこの分類中の「社会的講」に限っては、講の「機能」の面だけでなく、講を取り巻く地域社会や講集団自体の「構造」の面も合わせた、２つの分類基準が併用されている。

講の分類　桜井の分類方法は、このような分類基準上の曖昧さを含んではいるものの、現状では最もよく利用されているとみられる。前述した『日本民俗大辞典』や『新社会学辞典』の解説もこの分類に依拠している。本書もこの３類型を取り上げるが、各類型の説明は、桜井の記述に筆者が手を加え、あらためて整理したものである。

①宗教的講　　集団目標やそれを達成するための活動が、宗教とのかかわりを中心に構成されている講。

①-1　講員の生活する地域社会内の宗教的な施設や行事をもっぱら対象として活動する講。

たとえば近代化以前の農山漁村によくみられた例として、自然崇拝や精霊崇拝などの超自然的存在への信仰にもとづく講があげられ

る。田の神講、山の神講、龍神講・恵比寿講・船玉講などと称される海神講、太陽や月の信仰にもとづく日待講・月待講、自然の現象や事物を信仰対象とした水神講・風神講・石神講・雷神講、無病息災や健康長寿その他の現世利益を願う庚申信仰にもとづく庚申講などは、その例である。

　また、氏神・鎮守神などをまつる地域社会内の神社の氏子によって結成される講もある。この種の講は、八幡講、熊野講、天祖講、稲荷講のように、かかわりのある神社名や、まつられている神名をつける例が多い。なかには、地域の神社の氏子組織である講が、自治体の組織と重なる例もみられる。その場合、講の活動は同時に自治体組織の活動でもある。こうした講の活動例では、宗教的と社会的の両機能の重層性が顕著に表れてくる。

　さらに、観音講・地蔵講・薬師講・不動講などと仏教の信仰対象を名乗る講もあるが、それらをまつる特定の寺院との関係はみられず、地域内で民間信仰化している例が多い。

　①-2　講員の生活する地域社会外の宗教的な施設や行事を主要な
　　　　対象として活動する講。

　ほぼ定期的に地域社会外の神社、仏閣、霊山（信仰の対象となる神聖な山）などにお参りすることを活動の中心とする講を「参詣講」とも呼んでいる。参詣講には全講員が参詣する総参講と特定の講員を選んで参詣させる代参講がある。いずれも、参詣の行程は講員同士が親睦を深める機会でもある。参詣先の社寺などで祈禱をしてもらい、授かった護符・神符は講員各家に配布される。講員はそのお札を銘々自家の神棚・仏壇などにまつり、日々の安寧・福利を祈願する。なかには、受けてきたお札を氏神の境内に設置された小さな祠にまつる例もある。

ほかに、宗教教団の末端組織としての講もある。一般に教団の中核には本社・本山・本部があり、個々の神社・寺院・教会などがその下部組織を構成している。ここでいう講の多くは、こうした下部組織に付属する形で存在する。仏教系の名称をもつ講の場合、前述のように民間信仰化が進み、講員の属する檀那寺・菩提寺（檀家の先祖の墓や位牌を置き、葬式や供養を営む寺）との関係は希薄であったり、とくに認められなかったりする例が多い。しかし仏教宗派によっては檀信徒である講員の帰依する寺院に付属する形で講が作られ、その寺を介して自宗の主要寺院に参詣する例もある。

なお、新宗教の場合は、講を起源とする教団はあるが、組織化された教団の下部単位はたいてい教会や支部などと呼ばれ、講と称する例はほとんど聞かれない。ただ、なかには講と類似した特徴をもつ末端組織の存在もみられる。

②経済的講　集団目標やそれを達成するための活動が、経済とのかかわりを中心に構成されている講。

頼母子講や無尽講のように講員のあいだで金融や物資を融通するために組織された金融講と、ユイやモヤイと呼ばれる互いに労働力を提供し合う一種の「講的集団」に大別される。なお沖縄・奄美地方などでは、モヤイは頼母子講・無尽講と同様の金融講を意味している。

頼母子講・無尽講は江戸期には庶民のあいだに広まり、明治期に入ると営業無尽と呼ばれる専門業者も現れ、民間の金融機関の役割を果たした。

③社会的講　集団目標やそれを達成するための活動が、社会とのかかわりを中心に構成されている講。

桜井によれば、この第3の類型は、日本人の伝承（世代間で伝え、

受け継ぐこと）生活を生活（経済）・社会・文化（信仰）の３領域に区分したときの社会伝承の領域で役割を果たす講をさし、それは社会組織と社会機能の両側面からとらえる必要があるとしている。社会組織の面からみれば、東北地方の契約講のように講が地域社会の組織的単位を構成している例、地主講と小作講のように社会階層に対応して作られる例、世代別・年代別、あるいは性別に応じて作られる例などがあげられる。社会機能の面からは、前述したユイやモヤイのような労働力の協同関係を主要な目的として結ばれる例、寄合講や遊山講のような娯楽や親睦をはかることを主要な目的とする例などがあげられる。前述のように、講を一種の社会集団とみれば、所属する地域の社会生活とさまざまな形で関連を有しており、したがって、当の講集団は大なり小なり社会的講としての役割・機能を果たしていることになる。そのような見地に立てば、社会的機能と宗教的・経済的機能を截然と区分することは難しくなろう。ユイやモヤイなどの共同労働を一例にとると、それは経済的効果という経済的機能を充足すると同時に、社会関係の維持という社会的機能を果たすことでもあり、両方の機能をあわせもっている。宗教的、経済的、社会的の３分類はこうした条件付きの類型化であるといえる。

講研究の論点

講は古代に淵源するきわめて長い歴史のなかで、さまざまな変遷をたどりながら活動のすそ野を広げていった。そうした講の実態の広がりとともに、研究への関心も高まり、これまで、講に関する豊富な調査報告が積み上げられてきた。各地の市町村史・誌や郷土雑誌、旧家に伝わる古記録などを含めた諸資料を仔細に渉猟すれば、その成果物はかなりの数に達するだろう。しかし、それは個別の事例報告の累積にはなっても、それらをもとに講の諸相を総合的に論じた研究成果はほとんど生み出さ

れてこなかった。その主な原因として、従来、積み重ねられた調査事例の多様性を収斂させる核となるものは何かという研究上の論点が、関係する学問のあいだで十分に検討されてこなかったことがあげられよう。すなわち、さまざまな形態をもつ講に共通する本質的な特徴をどのようにとらえるかの問題である。

この問題に着目する先例は桜井によって提示された。桜井は、講のもつ本質的性格を講的人間結合のあり方に見出そうとした（桜井［1962：20-21]）。また、講を社会集団としての「結社」とみる見解を、講研究の起点に据えている（桜井［1962：2]）。この2つの主張を重ねれば、結局桜井は、講を「結社」の一種とみなし、その講的「結社」組織にみられる人間結合の中核的な特徴を把握することに、自身の講研究の論点を定めたといえよう。

冒頭に述べたとおり、本書のねらいもまた、「結社」的な「人のつながり」に着目して講のさまざまな側面を記述することにある。「結社」的な「人のつながり」という枠組みのなかで講のさまざまな形態をながめるとき、「講」と称さないけれど実質は講に類似した特徴をもつ集団も視野に入ってくるだろう。こうした類似集団の存在は、現代の急速な社会変動に伴い増加傾向をたどっているようにみえる。この現象はすでに1970年代半ば、桜井によって次のように指摘されている。終戦後、講は名称を変えて、クラブ、4Hクラブ、サークル、研究集会などがぞくぞくと生まれたが、それらのほとんどは原型を在来の講集団に置き、それを現代風に継承したものとみてよい（[桜井［1976：97]）。この指摘から半世紀近く経た今日、そのような集団はますます多様な形をとって生み出されているようにみえる。

本書では、講の名は冠していないけれども講に類似した集団を

「講的集団」と称しているが、桜井の説くように、講を原型とする集団が戦後に多数形成されてきたとすれば、これからの講研究には、従来の講集団の減少傾向と講的集団の増加傾向をともに視野に入れた幅広い考察の方向が求められてくるだろう。

| 学際的研究 の 必 要 性 | 学際的研究とは、複数の学問分野にまたがる研究を意味するが、そうした研究は大別して2つの方法論上の視点を内包しているといえる。一つは、ある学問分野を専攻する研究者が他の関連分野も視野に入れ、その知識を取り込んで、可能なかぎり学問のあいだを横断する立場から研究対象に接近する場合である。もう一つは、専門分野の異なる複数の研究者がそれぞれの立場からある研究対象を追究し、互いの見方を検討しあってその対象のもつ特徴に接近する場合である。

　講の研究史を概観してわかるように、従来の講に関する考察は、民俗学、社会学などいくつかの関連諸科学において実施され、業績が積み上げられてきた。だが、それらはほぼ個人研究であり、しかも上記のような学際的方法の必要性を表明した研究は、桜井による論考が出されるまで、これといって目ぼしいものがなかったといえよう。専門分野を異にするメンバーによる学際的な共同研究の場合も、近年までほとんど手つかずのままであった。

　ちなみに、本書の編者の母体である講研究会は、講に関するこのような研究状況のもとで学際的なアプローチを活動の一環に据えて、約10年前に結成されている。本書の執筆者は同研究会のメンバーから成り、本書の構成も民俗学、社会学、宗教学、歴史学など各執筆者の専門分野を動員し、それらを総合する形で編集されている。そして、「緒言」に掲げた編集意図に沿って、「人のつながり」という大枠のなかで歴史・民俗・宗教にわたる講の概説をめざしている。

多様な形態を生んだ講の歴史的展開に照らせば、もとよりこの概説書にできることはそうした講の広がりの一部を映し出すことにすぎないが、それが、講やその周辺を視野に入れた学際的な研究への理解と実践を促す契機となれば幸いである。

●引用・参考文献

桜井徳太郎（1962）『講集団成立過程の研究』　吉川弘文館

桜井徳太郎（1976）「講」『信仰伝承』日本民俗学講座3　朝倉書店

鈴木榮太郎（1940）『日本農村社会学原理』　時潮社

高松泰介編（1902）『現行宗教法令』全　有斐閣書房

内藤莞爾（1943）「宗教講の問題―社会学的試論―」『日本教学研究所研究報告』3　日本教学研究所

内藤莞爾（1978）『日本の宗教と社会』　御茶の水書房

長谷部八朗（2003）「明治期における講社の実態―日蓮宗の場合―」『駒澤大學佛教學部論集』34　駒澤大学　69-114頁

第1部

地域社会と「講」

第1章

地域を支える講集団

（牧野眞一）

地域と講集団　村落の中には神社や小祠・堂・石仏・石碑などが存在し、それぞれ信仰を共有する人たちが集まって集団をつくって祭祀してきた。こうした集団を「講」と称した。また御利益のあるとされる社寺を信仰する人たちが参拝を目的に結成される集団も「講」と呼んでおり、地域社会にはさまざまな講が存在していた。講は信仰的な目的をもって結成されると同時に社会的な機能をも有している。社会的な講としては、東北地方の契約講や、同族の株講、同じ年齢層の人たちが結成する若衆講や嫁講、さらに娯楽的な講などさまざまに存在する（桜井 [1988：291-294]）。

参拝講と在地講　社会的な講であってもその多くは、宗教的あるいは民俗信仰的な目的をもって結成されたものが多い。宗教的な講を大別すると、信仰対象が地区内にあって活動する「在地講」と、信仰対象が地区外にあって講員が参拝する「参拝講」とがある。在地講は、地域社会内で祀られている山の神や田の神・地の神・水神などの講や、自然の日（太陽）や月を崇拝対象とする日待講・月待講などがある。日待講はもともと朝日が昇るまで、宿に集まってこもる講で、月待講は二十三夜など特定の日に月を拝んだり飲食したりする講であったが、日待は後に講の集まりを意味する言葉としても使われた。庚申の日に夜ごもりする庚申講も広く分布していた。また地区内に存在する寺院や堂に祀られる観音

菩薩や地蔵菩薩、あるいは不動明王を信仰する観音講や地蔵講、不動講も在地講といえる。

　参拝講であっても、地区内にも祠堂などの信仰対象を設けて活動する講もある。たとえば、秩父の三峯神社に参拝する三峯講では、信仰対象である三峯神社を地区の氏神の境内などに祀っていることがある。つまり三峯山の神霊を身近な場でも祀っておきたいという意識や、講で受けた神札を納める祠を必要としていたということから祭祀されてきた。

　講は一地区（一つのムラ）で構成される氏神の講もあり、その場合そこに住んでいれば自然と講員となることが多い。また近畿地方に色濃く分布する宮座や「宮座講」も在地講の一つといえる。ただ、桜井によれば、講の特色として「加入が随意であること」をあげている。例外もみられるが、強制されることが少なく、その運用によって何らかのプラスがもたらされる、それを期待して結成されるのが講であるといえる（桜井［1989：260］）。

| 地域社会の 中の講集団 | 地域社会内には多くの講が結成され、一人（一戸）で同時に複数の講に入っているということも少なく

ない。現在では「講」という名称が使われないこともあるが、複数の講的な集団に属するということは今でも普通なことであろう。桜井によれば、多様な講集団の結成は、「講的社会結合によって個人や家の存立が保障されるという原理の上に立つから」であるとする。すなわち「生活の安定をはかるため」に不可欠であったのである（桜井［1989：259-260］）。

　また、宮田登は福井県若狭地方の一地域の講研究において、ムラの運営について言及している。そこでは念仏講、山の神講・女の講があるが、講のメンバーは必ずしも一致していない。1月には念仏

講・山の神講があり、それに続いてムラ寄合が行われていた。ムラの話題が講をかりてつねに論議され、ムラ寄り合いのときには論議する事項もみな納得しあっていたといい、ムラの中における講の機能が示されていると指摘している（宮田 [1993：255-271]）。

　講でもとくに参拝講の場合、地域社会外の信仰を受け入れる基盤となる結社としての性格を持つことになる。すなわち講は、外来信仰の地域社会への定着をもたらす組織でもある。もちろん時間とともに地域社会から忘れ去られたり、拒否されることで定着しない場合もある。桜井徳太郎によれば、地域社会の氏神信仰に外来信仰が入ってきて、それが地域社会化（「土着化」）してくるといい、講集団が地域社会に定着する過程が重要であるとして講を考察した。地域内のいわゆる在地講も外来信仰の影響を受け、神仏習合的な考えから講集団として結成された。そうして地域社会内には多くの講集団が成立することになった（桜井 [1988：528-571]）。

「講中」と
講の変化
　地区の中には小地区の呼称としてクミ（組）があげられるが、その他にもヤトやズシ・ホラ・カイトなどさまざまな呼称がある。その中で「講中」という呼称もみられる。

　横浜市都筑区のある地区では2つの小地区に分かれており、「谷戸講中」と「下講中」といった。ここでは「講中」が小地区の呼称として使われていた。1980年代中頃の状況では、それぞれの講中では念仏講・地神講・稲荷講などが行われていた。つまり多くの講が小地区ごとに執行されていたので、小地区の呼び名が「講中」となったのであろう。地神講は、3月と9月の社日に宿を順に回して掛軸を掛けて行われていたが、当時、谷戸講中では毎月行うようになっていた。社日は春分・秋分に一番近い戊の日とされており、この日は農作業はしてはならなかった。信仰対象を地区内にもつ在

地講は小祠や小堂があってそこに祀られる神仏が対象になることが多いが、この地区の念仏講や稲荷講は宿で掛軸をかけて行われ、それらを通して神仏に祈願していた。

　念仏講は2種あり、一つは月並念仏といわれ、毎月行われる念仏で、もう一つは5月1日の百万遍念仏があった。念仏講はおもに月並念仏をいい、順に担当する宿に掛軸を掛けて行われた。一人が鉦を叩き、大数珠を回した。「ナムアミダー（南無阿弥陀仏）」と繰り返しながら大数珠を回し、そのフサが回ってくると、持ち上げて拝んだ。ただし、念仏講は下講中では当時行われていたが、谷戸講中では太平洋戦争後には休止されていた。参加者は婦人や高齢者が多いが、必ずしも女性や高齢者とは決まっておらず、各家から一人参加することになっていた。

　稲荷講は2月初午に、宿を家屋配置順にまわして講中の人たちが集まり飲食した。対象となる特定の稲荷神社はなく、講中で所有するキツネ像が描かれた稲荷神の掛軸があり、それを掛けて行われる。下講中では調査当時行われていたが、谷戸講中では戦後になってから休止された。ただ、屋敷神の稲荷神社を祀っている割合が谷戸講中の方が高く、初午には各家々で油揚げや小豆飯、御神酒を供えて祀っていた。

　このように谷戸講中では、念仏講や稲荷講を休止していた。下講中でも記録によると、地神講は昭和20（1945）年から23（1948）年、稲荷講は昭和19（1944）年から23年まで行われなかったが、再開されて続いていた。谷戸講中で念仏講が行われなくなったのはその宗教的意味合いが薄れたためと思われ、稲荷講は各家での屋敷神の稲荷講に分化されたためと考えられる。しかし谷戸講中では、逆に年に2回の地神講を拡大して毎月行うようになっていた。農

作業において重視された作神である地神の講を拡大化したということであるが、他の講は講中として集まることが大変なために休止したのではない。このようなことから、信仰的な意味合いが薄れても、その社会的機能は無視できなかったことがわかる。

　当時、この地区では参拝講として川崎大師に参拝する大師講（「百味講」）が行われていた。この大師講は昭和初期に始められたといい、当地区だけではなくその周辺地区との合同でバスでの参詣が行われていた。その他、伊勢講、大山講、武州御嶽講なども行われていたが、すでに戦前から昭和30（1955）年ごろまでに休止となっていた。多くの講が休止となったが、それに代わって地区で、農協の会員を中心に「旅行会」を結成し、毎年三重県の伊勢神宮や香川県の金刀比羅宮などに出かけていた。特定の社寺を信仰するわけではないが、著名な社寺参詣を参拝する現代の参拝講ともいえる。これは娯楽的な要素が多く含まれているが、かつての参拝講も少なからずそのような要素があったはずである（港北ニュータウン郷土誌編纂委員会[1989：542-580]）。

| 稲荷講 |

　在地講には様々なものがあるが、全国的に広く分布している講をとりあげよう。まず初めは稲荷講をとりあげる。稲荷信仰の本社は、京都市伏見区に鎮座する伏見稲荷大社とされ、和銅4（711）年2月初午に、祭神が降臨して秦氏によって祀られたとされている。後にキツネを神使とし、田の神やキツネ神、さらには仏教における荼吉尼天とも習合し、農業神や商業神、さらには漁業神としても受容され、その信仰を拡大させていった。その過程で多くの稲荷の小祠が祀られることになった。とくに江戸時代に江戸の市中では、大名屋敷や町人の区画ごとに多くの稲荷神社が祀られた。

稲荷講は、京都市の伏見稲荷大社をはじめ愛知県豊川市の豊川稲荷（妙厳寺）、茨城県笠間市の笠間稲荷大社などの信仰圏の広い神社に参拝する参拝講もあるが、とくに関東地方の南部で広く信仰されているのは、在地講として地縁や同族で祭祀する稲荷神社の「稲荷講」である。「稲荷講」という言葉がさす意味は、小祠の稲荷神社や掛軸を対象として稲荷を信仰する集団のことであるが、同時に初午に行われる稲荷の行事と会食をもさしている。初午は2月になってから初めての午の日、あるいは節分すぎの午の日とされているが、関東地方の北部では月遅れで3月に行われることが多かった。

　横浜市戸塚区舞岡のある組では、谷戸と呼ばれる小地区ごとに3戸から5戸ほどで稲荷講が結成されていて、2月の初午に当番の家に集まって祈禱の後、飲食会が行われていた。谷戸は本分家関係である家が多く、地縁によって講が結成されていたが、同族祭祀的な様相もみられた（まいおか水と緑の会 [1988：126-127]）。

　埼玉県入間郡三芳町竹間沢には6つの稲荷神社があり、それぞれ氏子と称して講を組織している。6つの稲荷神社とは、主稲荷・藤森稲荷・北側稲荷・本村稲荷・木下稲荷・二社稲荷である。これらの稲荷神社の祭りとして2月11日に稲荷講が行われている。かつては3月の初午前日をオビシャといって稲荷講が行われ、翌日の朝早く稲荷神社に供えものをしていた。昭和51（1976）年に藤森稲荷の講を2月に行ったのをきっかけに、翌年6つの稲荷の講員（氏子）が協議し2月11日に執行することになった。氏子は多い講で30人ほどで、少ない講では5人ほどであった。それぞれの稲荷神社には宮元という取りまとめ役がおり、初午には輪番の当番が供物や宴会の準備をしていた。平成初年ごろでは、宴会の食べ物は仕出しをとることが多くなっていたが、うどんは各講でうって作

写真 1-1-1　稲荷講（東京都板橋区）

られていた。宴会では最後にそのうどんが出され散会となる。講によっては同姓の本分家関係にある家々が多い場合もあるが、地縁を基盤としている。同じ稲荷神社の講員（氏子）として世代を超えて続いてきたので、それぞれの家どうしで深い関係が成立していた。当時、講の宴会に代えて小旅行にしようという意見も出ていたので、地縁による講意識や社会関係が強かったことがわかり、また稲荷講に娯楽的要素も含まれていたこともうかがい知ることができる。

　大人の講と同時に、昭和 30 年代まで続いていた子どもによる竹間沢の稲荷講もあり、当時の子どもたちは初午が楽しみであったという。それぞれの稲荷神社では、初午の前日にはその講員（氏子）の子どもたちが集まり、丸太を建ててむしろで覆うなどして小屋がけし、オコモリといって一晩こもった。昼間は、稲荷講に入っている氏子の家々を廻り賽銭をもらったり、太鼓を叩いたりした。小屋がけには小学校高学年の男子が親方となり、学校が休みの日に行うので、ひと月ほどかかったという。朝になると親が赤飯などを持って稲荷神社にお詣りにくるので、子どもにも与えていた。こうした

子どもの頃からの関係もあって、さらに大人になって稲荷講の講員となり地縁的な関係が深まっていったのである（三芳町史編集委員会[1992：568-583]）。

　子どもの稲荷講の分布は、埼玉県南部から東京都まで続いており、地域教育的な意味合いもあったが、夜籠りの危険性や賽銭をもらうために家々を廻ったり、唱えごとなどが社会規範に反するという理由から、その多くが昭和30年代までに行われなくなった（牧野[2020：92-94]）。

　関東地方の南部に広くみられる稲荷講は、以上のように初春の行事として初午に催されたが、地縁的つながりの強い地域では組などの小地区で行われ、本分家関係が強く残っている地域では同族的な講となっている。なお、近世の新田開発村などでは稲荷神社が鎮守として多く祀られたが、その場合は地区の祭礼として執行され、「講」という呼び方はしないことが多い。

念仏講　念仏講は、さきの横浜市の事例のように、組を単位として各戸から1人参加して行われることもあるが、中高年の女性が集まって講を結成することもある。埼玉県三郷市域ではかつては60歳を過ぎると女性は念仏講に入り、年齢集団としての性格を持っていた。「念仏のおばちゃんたち」といわれ、毎月決まった日に堂や寺院などに集まって、念仏や和讃・御詠歌などを皆で唱えた。その他、彼岸の念仏を寺院で唱えたり、盆には新盆の家に頼まれて念仏を唱えて供養し、また新築祝いにも依頼されて念仏を唱えるなど、地区で一定の役割を果たしていた。念仏講は宗派にかかわらず、地区の女性は皆入ったものであったが、しだいに加入する人が少なくなり、消滅した地区が多い。こうした念仏講は地区における家々の供養を引き受けるといった信仰的な意味もあり、

それと同時に、念仏講の人たちにとっては、念仏や御詠歌などを毎月唱え、その後の飲食やおしゃべりが一つの娯楽的な意味をも持っていた。しかし、現代になって娯楽も多様化すると、加入しない人も多くなっていった（三郷市史編さん委員会［1991：361-363、430-432、556-562]）。

　東京都中野区沼袋や江古田でも念仏講が行われていた。念仏講は大数珠を回す「百万遍」と、数珠は回さずに毎月行われた「月並念仏」とがあった。沼袋の月並念仏は、毎月の決められた日に輪番の宿に集まり、熟練者のカシラ（頭）が鉦を叩いて音頭をとり、決められていた念仏を皆で唱えた。終わってからお茶を飲んでいろいろな話をしたという。百万遍は年に1、2回行われ、疫病が流行らないようにとの祈念から行われる念仏であった。沼袋では5月ごろに行われた。輪番の宿で、熟練者が鉦を叩き、集まった人たちは車座になって大数珠を持って回した。皆で「ナンマーイダー　ナンマイダー」と唱えながら、大数珠を回したが、数珠には中に大きな玉が一ヶ所ついており、それが自分のところに回ってくると、持ち上げて拝んだ。沼袋では当番宿で行われたが、庭先で数珠を回していた地区もあった。月並念仏と百万遍の両方とも昭和初期ごろまで続いていたという。江古田では平成12（2000）年頃でも荏原観音堂で春に百万遍が行われていた。秋にも春の百万遍と同様な行事が行われていたが、「お十夜」と呼ばれていた。音頭取りが鉦を叩きながら、車座になって大きな数珠を回し、「ナンマイダー　ヒャクマンベーン」と繰り返し唱え、大数珠の大玉がくると持ち上げて拝んだ。いずれも参加者は男女の中高年者であるが、女性が多かったという（中野区教育委員会［2004：58-59]）。百万遍は関東地方の他地域でも広く行われ、大数珠を各家々を巡回してそれぞれの家で回す行

事で、中野区の事例と同様に地区の行事として年に1回ほど行われた。百万遍は、夏の場合は悪魔祓いや疫神の侵入を防いだり、追い出したりする意味合いがあった。

　関東地方から福島県にかけてみられる念仏の一つに「天道念仏」がある。天道念仏は主に春先に太陽を拝み、五穀豊穣を祈る念仏であった。こうした念仏はさいたま市のある地区の場合は、春彼岸に堂に集まって数珠を回したというが、他では踊りを伴うことが少なくない。たとえば習志野市では3月8日に、寺院の境内か堂内に花を飾り、その周りを男性の太鼓や鉦に合わせて中高年の女性が踊ったという。習志野市の天道念仏も地区の行事として行われていたが、毎月行われる念仏講はネブツと呼ばれ、子安講を抜けた女性が講に入った（習志野市教育委員会［2004：265］）。

　また、埼玉県北部や長野県などでは、葬式の後に葬式組の人たちが集まって念仏を唱えることもある。念仏講は死者の供養のために行われるので、講という組織ではなくても葬式組の人たちで執行された。

| 観　音　講 |

仏教的な講としては観音講がある。観音講は観世音菩薩を信仰する講で、札所巡礼や霊場への参拝講もあるが、地域社会内に信仰対象となる観音堂や仏像・掛軸などがあって、決められた日に講員が集まり観音経を唱える在地講も少なくない。

　埼玉県三郷市の観音講は「観音経（行）」ともいい、地区の若衆が行っていた。太鼓を叩きながら皆で観音経（「観世音菩薩普門品第二十五」）を唱えた。年に1回は「百巻経（行）」といって、夜通し観音経百巻を交代で唱えた。昭和30年代に行われなくなったが、平成初年頃でも仁蔵で地区の祭りとして7月に公民館で催されていた。

写真 1-1-2　観音経（埼玉県三郷市）

　ただ、それはかつてのような若衆による講ではなく、若い時にやっていた中高年の男性による観音経であった。また、武蔵三十三ケ所観音札所の御開帳が午年4月に11日間にわたって行われるが、三郷市番匠免では札所となっている観音堂で期間中毎日、観音講（普門品講中）によって観音経が行われていた。また観音堂では正月や8月9日の四万六千日、10月のお日待（秋祭り）にも執行され、札所の他にも個人宅の観音菩薩像を親戚や地区の講中が集まって観音経を唱えていた（三郷市史編さん委員会［1991：562-565］）。

　福島県大沼郡美里町水沢でも観音講が行われていた。以前は3月17日であったが、平成初年ごろでは1月17日であった。これには水沢の各戸が参加し、輪番の1戸を宿として集まって催される。宿となる家をトウといい、参加対象となるのは、嫁層である。当日、宿では観音様の掛軸をかけ、小豆飯を炊いたりして準備をした。参加者は朝集まり、バンカタ（夕方）まで宿にいた。当時は昼くらいまで行われた。また、会津地方では嫁入りした女性たちが集まり観音講として、講仲間とともに会津三十三観音札所を御詠歌を唱えな

がら巡礼した。男性は伊勢講を結成して伊勢神宮に参拝した。このように男女で異なる講に関わることがあった。

| 代参による参拝講 |

かつて参拝講のなかでも、遠方の社寺に参拝するには時間と費用がかかるので、代表者が参拝することが多く見られた。これを「代参」といい、そういった形の講を「代参講」といっている。講金を毎月、あるいは決められた間隔で積立をして代表者が数名で参拝する。代参者はくじ引きであったり、組分けして順番に決められる。代参で参拝すると講員分の神札を受けてきて、帰村した後に講が開かれ、そこで配られる。講員が全員参拝し終えると、講はいったん閉じられるが、多くの場合はまた新たに講を立ち上げて積立が始まった。こうした代参講は、関東地方では伊勢講や出羽三山講・富士講・木曽御嶽講など、やや遠い社寺の参拝講では多く行われ、かつては武州御嶽講や三峯講、大山講、榛名講などでも行われた。これには積立をすることによって、より強い講の結びつきを得ることになった。また日常生活での金銭の積立という考え方を育成する意味もあった。たとえば三郷市高須の富士講による奉納額には、「敬神並貯蓄思想育成ノ目的ヲ以テ冨士講組織」と記されている。この講は大正13（1924）年に結成され、昭和4（1929）年に「大願成就」とされて代参が一巡したとされる（三郷市史編さん委員会［1991：584-585]）。

また代参者どうしのつながりも、長い道のりを旅した時代にはより深いものとなった。東北地方では、伊勢講で一緒に代参した仲間は一生の付き合いになったともいわれる。しかし、交通の便が良くなったりすると、参拝は希望者ということになり、費用もその都度の一括払いとなることが多くなっていった。経済的に安定してくると、講の積立は煩わしいものとなることもあり、その結果、講その

ものが消滅することが少なくなかった。信仰と参拝、そして娯楽的な要素も有していた代参という形式も社会的な状況が変化すると、逆に講を縮小、あるいは消滅する要因ともなっていった。

| 講の衰退と持続 | 稲荷講などの講も、都市部だけではなく旧農村部でも衰退化している。かつては地区の居住者の生業は農業を主としていて、在地講や参拝講もその目的の一つは作物の収穫を願うことだった。その後、世代交代が行われ、農地を手放しマンションなどが建つなどして宅地化されたりすることにより、農家が減少して生業もさまざまになってきた。すると決まった日に集まることが困難になり、講は休止を余儀なくされることになる。葬式も葬式講中とか葬式組と呼ばれる地域社会の組織で取り組まれ、葬具づくりや穴掘りなどが行われていた。それが葬儀社や互助会の関与によって執り行われ、火葬の普及によって穴掘りも必要でなくなった。

埼玉県さいたま市南区のある組では、「ビシャ講」と呼ばれる稲荷講を行っていた。初午の前日に、組内で輪番の宿に講員が集まっていなり寿司などのごちそうを食べるなどの宴を催していた。その後食堂を定宿として催すようになったが、それも大変であるとして今から二十数年ぐらい前に中止となった。この地域では昭和40年代から周辺に団地・マンションが連立するようになり、組の中にいくつもの家が転入してきた。それでも旧来からの組のメンバーで稲荷講をしていたが、講員の生業がそれぞれ異なり、勤務者が多くなってついには集まることはなくなった。

東京都でも清瀬市のある地区では、農業を生業とする家がまだ多く残っていて、地縁的な組や本家を中心とした同族の関係が機能している。そこでは7月に、獅子頭をつけ獅子に扮した3人の青年

らが神社境内などで舞う三匹獅子舞が行われていたり、正月に木曽御嶽講の祈禱が地区の御嶽神社の前で執行されたりしている。そうした地区の組では2月の初午に稲荷講が行われている。稲荷講の当日は朝から当番の人たちが集会所に集まり、女衆は天ぷらを作ったり、男衆はうどんをうったりして朝から準備が行われる。午後には組の人たちが集まって宴が催される。同地区にあるイッケ（同族）では二の午にもイッケで稲荷講が行われる。地区では社会的な組や、イッケといった同族組織が残っていて機能しているから講が継続されているのである。獅子舞は保存会が結成されているということもあるが、それが地区の神社や講とも関連して継続される。それは伝統的な社会組織が今でも生きているということである。

講の現代的な変化

講の集まりは娯楽でもあり、生活の支えでもあった。埼玉県や千葉県では、年齢階梯的に上位にあたる講には男性の庚申講や女性の念仏講などがあり、信仰に基づいてはいるが、楽しみでもあり、講を継続することで生活を活性化するという機能をも持っていた。現在ではデイサービスや介護施設などがその役割を果たしているといえるが、地区内の講にはすでにそういった機能も有していた。

地域社会において社会生活や民俗信仰を展開していくうえでは、複数の講に所属していくことはごく普通のことであった。すなわち、かつての村落社会では講が生活を支えていたといっても過言ではない。生業が多様化して世代交代が進むと、多くの講は休止されてきている。現在では勤務先のさまざまな同好会、あるいは地域のクラブに所属して活動する人も多いが、伝統的な講は衰退しているといえる。しかし、そういった地域活動のなかでの講的な集まりや、勤務先の集まりもかつての講の変化した形ともいえる。講集団も形を

変えつつ、今でも展開しているのである。

●引用・参考文献

港北ニュータウン郷土誌編纂委員会編（1989）『都筑の民俗　横浜市・港北ニュータウン郷土誌』　同編纂委員会

桜井徳太郎（1988）『講集団の研究』桜井徳太郎著作集1　吉川弘文館

桜井徳太郎（1989）『歴史民俗学の構想』桜井徳太郎著作集8　吉川弘文館

中野区教育委員会編（2004）『江古田・沼袋』中野区民俗調査第4次報告　同教育委員会

習志野市教育委員会編（2004）『習志野市史　別編　民俗』　習志野市

まいおか水と緑の会編（1988）『舞岡の民俗―舞岡民俗調査報告―』　まいおか水と緑の会

牧野眞一（2020）「稲荷の祭りと稲荷講―とくに子供たちの講について―」長谷部八朗編著『「講」研究の可能性Ⅳ』　慶友社

三郷市史編さん委員会編（1991）『三郷市史　第9巻　別編民俗編』　三郷市

宮田登（1993）『山と里の信仰史』　吉川弘文館

三芳町史編集委員会編（1992）『三芳町史　民俗編』　三芳町

第2章

女性のつきあい

（小林奈央子）

女性たちの集まり 女性たちが気の置けない仲間と食事やおしゃべりをして楽しむ「女子会」、子育て中の母親たちがつくる「ママ友会」など、種々の女性の集まりが存在することは多くの人がご存じだろう。こうした現代の「女子会」や「ママ友会」に類するような女性どうしのつきあいは、かつては「女人講」という形で全国の村々にあった。

　実際に「女人講」（にょにんこう）と呼称する講もあれば、子安講や二十三夜講、観音講や念仏講などと称し、構成員が女性であるため"女人講"とみなされているような場合もある。たとえば、子安講は、嫁入りしてすぐや子どもができたら加入する若い世代の女性たちの集まりであった。子安神や子安観音などの神仏をご神体あるいは本尊として祀り、子授けや安産祈願、子育ての守護を願った。一方、年配の女性たちの世代では、念仏講のように、毎月決まった日にお堂などに集まって読経し、死者が出た際は死者を弔うために経をあげる集まりなどがあった。

　女人講組織は年齢による区別がはっきりとしており、それぞれの組織が年齢の近い女性どうしのつどいの場となっていた。これは既婚女性が家をあけて出かけることが難しかった時代、嫁、姑が互いに気兼ねせず講に参加できるようにという意味も含まれていた（丸谷［1997：45］）。講中で女性たちは、料理や裁縫などの知識、出産

や子育て、嫁姑や病気の問題など、日常生活のなかで抱える疑問や悩みを、共同飲食しながら同世代の女性たちと語りあった。愛知県豊田市常磐町にあった女人講としての観音講では、路傍に祀られた観音様を代々持ち回りで世話をし、講で集まると近くの建屋でお供えのお餅を搗いたり、米粉で団子を作ったりしたという。当時を知る女性は「一生懸命汗を流してお供えを作り、みなでわいわいと食事やおしゃべりをするのが楽しかった」（昭和3〔1928〕年生まれ）と振り返る。

　また、特定の寺のお勤めに、その寺の檀信徒はもちろんのこと、異なる宗派の檀信徒でありながら地縁で集まった女性たちが参加する女性主体の講もあった。その代表的なものが詠歌講で、鉦や鈴に合わせて仏・菩薩や祖師の徳を讃えた歌をみなで詠唱する。詠歌講の活動は全国的に漸減傾向にあるものの、いまも活動が盛んな地域や講がある。詠歌講のメンバーは特定の檀那寺の檀信徒女性が大半であるが、同じ宗派内の別の寺の檀信徒や、宗派の異なる女性、仏教徒ではない女性などが地縁から参加を勧められ加入する場合も少なくない。また、詠歌講への参加がきっかけで檀信徒となる事例もある。みなで一緒に唱和する喜びのほか、遠方で行われる詠歌大会の帰路で観光地に立ち寄って帰るということも、娯楽的要素を含む楽しみの一つになっている。

　特定の寺との寺檀関係で形成される組織と地縁による講組織に、さらに女人講が複雑に入り組んでいる場合もある。名古屋市名東区高針では、ムラ内にR寺（真宗高田派）とT寺（真宗大谷派）という宗派の異なる2ヶ寺があり、それぞれムラ内に寺檀関係をもつ。ムラ内には6つのシマ（村組）があり、寺檀関係で結ばれた講とは別に、シマをさらに組分けした「講仲間」という講組織を形成してい

る。「講仲間」は葬式時などに協力しあう互助組織として、寺檀関係の講とは別に地縁を基盤に機能してきたが、「講仲間」には、さらに女性のみで構成される女人講があり、いまも活動がある。この女人講には2ヶ寺両方の檀信徒女性が混在し、結婚後という前提はあるものの、よそから転入して来た家の女性や、シンヤでまだ「講仲間」に入っていない家の女性も加入しているという（新修名古屋市史編集委員会［2001：113、640］）。すなわち、寺檀関係や新旧いずれの住民であるかにとらわれることなく、地域内の女性が協力しあうためのコミュニティを、女人講という形で独自に形成しているのである。

　尼寺を介した女人講もある。尾張・三河地方では、檀家をもたない尼寺が、宗派に関係なく葬儀や勤行を行い、女性僧侶は自らが属する宗派のものでないお経を施主の宗旨に合わせて読むこともあった。さらに尼寺の女性僧侶が詠歌講の教師や弘法講の先達となって

写真 1-2-1　弘法講・女人講
（愛知県弥富市、平成 30 年 9 月撮影）

女人講を率いることもあった。愛知県弥富市に所在するある真言宗智山派の寺院は、元尼寺で、春3月と秋9月に弘法講・女人講の法要を行っている。いずれの法要でも30名ほどの地域の女性たちが集まるが、女性たちの家の宗旨は、真言宗智山派と浄土真宗大谷派が半々である。3月は真言宗智山派のための女人講、9月は真宗大谷派のための女人講となっているが、構成員は同じで、住職はそれぞれの宗派の経を読み、超宗派の勤行をしている（写真1-2-1）。法要後はみなで共同飲食し、お下がりを受け取る。

　以上のように、女人講は、結婚、妊娠、出産、葬送と女性のライフサイクルに沿った女性の集まりであるほか、家の宗旨や宗旨を超えた地縁での結びつきを強め、信仰を同じくするものの共同体として機能してきた。

| 女人講の衰退と新たな結びつき |

しかし、こうした女人講組織は、現在衰退、廃絶の一途をたどっている。女人講は基本的に、近代以降の「家」制度や固定的な性別役割分業に基づく村落内のつきあいを基盤としており、地縁や寺檀関係のほか、嫁、妻、母といった、家庭において家事・育児に従事する既婚女性という固定化された女性のライフコースを自明のものとして成り立ってきた。現在は女性のライフコースが多様化し、結婚はもちろん、妊娠や出産も個人化し、地域に支えてもらうものではなくなっている。また、女人講では嫁か姑のいずれかが出ることが多いため、「嫁（あるいは姑）と顔をつき合わせなくてよい」というかつての女人講の利点も、核家族がほとんどとなったいまはあまり価値をもたなくなっている。

　こうした衰退の状況がある一方で、女人講に代わる新たな女性たちの結びつきも生まれている。女講中という、牡鹿半島における集落内の女性による講組織を調査・研究した戸邉優美は、高度経済

成長期の急激な価値観の変化などから、主体的選択によって女講中には入らず、仕事に価値を見出したり、集落を超えた「ソト」の婦人会に加入したりする女性が昭和40年代に増えてくることを報告している。さらに戸邉は、そのように女性たちが主体的な選択をする背景として、女性たちの①つきあいにおける目的の変化と、②活動したい内容の変化の2つをあげている。前者は、生活改革によって生活を成り立たせるために必要な助けあい関係の重要度が下がり、友人など「つきあいたい相手」と時間を設けて一緒に過ごすようになったことをさしている。一方後者は、地域社会に参画し、仕事や地域貢献を通して自己実現を図り、社会的承認を得ようと望む女性たちの意識の変化をさしている。そして、こうした女性たちの「やりがいへの志向性」によって、女性どうしの結びつきは既存の地縁を超え編成されていくと結論づけている（戸邉［2019：235-244]）。

　つまり、従前の「家」や地縁を中心とした村落内の女人講から、女性自身の主体的選択によって、村落を超えた「ソト」を包摂しながら、女人講よりも広がりをもった女性どうしのつながりや結びつきが新たに創出されているということである。

　さらに、女人講という組織自体はなくなっても、女人講が有していた「信心（祈願）・悩みの共有・共同飲食や娯楽などの楽しみ」を共有する場という特色は、現在、ほかの形態で受け継がれているといえるような例もある。以下、そうした例の一つとして、愛知県から西国三十三所巡拝に出かける女性たちのつきあいをみてみたい。

女性の同行による集団巡拝から日帰りツアーへ

　西国三十三所とは、近畿地方を中心に点在する観音菩薩を安置する三十三の寺院をいう。これら三十三の寺院を札所とした西国三十三所巡拝では、和歌山県の那智青岸渡寺を第一番札所、岐阜県の谷汲山華厳寺

を三十三番の満願結願の札所としている。近畿圏と比較的近い愛知県では西国巡拝は昔から盛んであり、県内の多くの市町村で地縁にもとづき行われていた。なかでも女性の巡拝が盛んであったのが知多半島であった。女人講という言葉こそ使用していないが、志を同じくする仲間を意味する「同行」として、村落内の女性たちが集団で西国巡拝に赴くという、女人講と同様の組織である。

　知多半島には同行による西国巡拝を終えた人びとが、無事の帰着を感謝して地元の社寺に奉納した絵馬が数多く残されている。南知多町の社寺に奉納された絵馬を悉皆調査した井上善博によれば、江戸時代中期以降に女性奉納者（巡拝者）の名前が多く見られるようになり、参加した女性たちは、いわゆる娘組が再編された処女会など、未婚の若い成年女性たち（通過儀礼としての成女式を済ませた、13、4歳～20歳くらいの女性たち）であったという（南知多町誌編集委員会[1997：761]）。

　実際に奉納された絵馬を見ると、下部に巡拝者の名前が記されており、巡拝の指導者である先達だけが男性名で、同行はすべて女性となっている。また、記名された参加人数に対応した参拝者の姿が正確に描き込まれ、まるで旅の一場面を納めたスナップ写真のようである（写真1-2-2）。

　現在、このような村落内の若い女性の同行による知多半島からの西国巡拝の習俗は消滅している。しかし、愛知県内から西国巡拝を行う女性たちは、「家」や地縁を超え、新たな形で結びついている。その一つが、巡拝専門の旅行代理店を通した「西国三十三観音巡拝日帰りツアー」である。月1回、数ヶ所ずつ霊場を日帰りでめぐり、1年かけて満願する内容となっている。

　こうした旅行代理店の巡拝ツアーで先達（お経先達）を務めるのが、

写真 1-2-2　竹生島順礼図（明治 16 年）岩屋寺所蔵

　愛知県西部在住の女性 A さん（82 歳）である。「時代に沿った明る
く楽しい巡拝」を心がける現代の先達である。
　A さんの宗教実践の中心は、岐阜県と長野県にまたがる木曽御
嶽山（3067 m）への信仰である。祖父が御嶽行者で、岐阜県関市の
迫間不動の堂守をしていた。単独で神降ろし（御嶽信仰では「御座」
という）ができる行者であった。その後継として行者となった伯母
を、A さんは「女先生」と慕い、毎年のようにともに木曽御嶽山
に登拝していた。平成 30（2018）年に伯母が亡くなったのちも、
年に数回の登拝を欠かさず、登拝に備えた体力作りのために、80
歳を超えた今も週に数回、自宅から自家用車で 40 分ほどのところ
にある三重県の多度山（403 m）に登っている。
　A さんは平成 11（1999）年に次女をガンで亡くし、それを契機
に 61 歳から 5 年間、奈良県吉野金峯山寺・東南院の大峯奥駈修行
に参加した。また、四国八十八ヶ所霊場は 5 回、知多四国八十八ヶ
所霊場は娘や仲間と 10 回以上めぐっている。秩父、坂東、那須、

美濃の観音霊場でも満願した。平成29（2017）年から、西国三十三所巡礼の先達を務めることになった経緯も、Ａさんのこうした多くの修行経歴が見込まれてのことである。

　Ａさんは毎回の引率で「楽しいお参りをしましょうね」と参加者に声をかける。先達によっては修行という面にこだわって厳格さを求め、巡拝中のむだ口や大笑いを禁じる人もいるが、Ａさんは「み仏の前ではしっかりお参り」をして、あとはおしゃべりしたり、大笑いしても良しとしている。「み仏の前ではしっかりお参り」というように、各霊場で本尊に向かってお経を読むことだけはきちんとすると決めている。

　こうしたＡさんが先達を務めるツアーには、繰り返し参加しているリピーターが多く存在する。男性参加者もいるが、女性の参加者のなかには、Ａさんを「おかあさん」と慕う女性もいる。Ａさんより若い世代がほとんどで、50代前後の女性の参加が多いという。Ａさんが参加者に「話して」というと、子育てや嫁姑関係に関する悩み、自身や家族の病気や介護、大事な人との死別などさまざまなつらい境遇や悩みが吐露されるという。Ａさんはそれに一心に耳を傾ける。Ａさんは「いままでいろいろなことを経験してきた。言わなくても自然に気持ちがわかる」と話す。

　Ａさんは嫁ぎ先の舅姑が大変厳しい人で結婚後かなり苦労した。また、幼い子ども2人を残したまま次女が35歳の若さで、ガンで亡くなり、その後、次女の子どもを引き取り、夫と2人で大学卒業後社会人として1人立ちさせるまで育て上げた。「女先生」と呼んでいた御嶽行者の伯母からは、「（さまざまな経験をしたあなたの）人生を語りながらお参りなさい」と生前助言を受けた。

　数年前、ガンを患いながらＡさんが引率するツアーに度々参加

していた女性がいた。令和2（2020）年、女性は闘病の末、53歳で亡くなったが、現在は、女性とAさんの信頼関係を間近で見てきた女性の妹が、Aさんと交流を続けているという。ツアー参加者と引率した先達の関係が一過性に終わらず継続し、さらには参加した人の家族とも関係を築き続いている。また、コロナ禍で旅程内での大々的な共同飲食の機会はないが、ツアー帰りのAさんは、しばしば巡拝した地域の土産だけでなく、ツアーの参加者との間で交換した手づくりのジャムや野菜などを抱えて帰宅する。単発のツアー以上の人間関係がすでに構築されている。

　Aさんが引率する西国三十三所巡礼の旅は、かつての娘組や処女会（女子青年団）のそれのように、地縁による同世代の女性の集まりとは異なる。しかし、ツアー参加の女性たちが、巡拝の旅の道中で、悩みを互いに吐露し、分かちあい、旅というやや開放的な雰囲気のなかで楽しみを共有する様子は、かつての同行女性による巡拝とさほど違いがないのではないかと思われる。「信心（祈願）・悩みの共有・共同飲食や娯楽などの楽しみ」という女人講が有していた機能を、村落の「ソト」で形成しているのである。

　また、宗教的職能者として優秀な先達はいくらもあると思うが、Aさんが引率するツアーに多くの女性参加者が心を寄せ、リピーターとなっていることは特筆に価する。また、参加者との間に、先達と弟子というような厳格な上下関係が発生しているわけでもなく、〈緩やかなつながり〉を保ちつつ維持されていることは、講あるいは講的組織のもつ特徴ともつながる（日本民俗学会［2018：8]）。

女性のつきあいのこれから　現在の社会状況を踏まえれば、「家」や女性の固定化したライフサイクルのみに基づいた村落内の女人講は、今後も減少、衰退していくと考えられる。女性のライフ

サイクルは多様化しており、女性たちはつきあいの目的や内容を主体的に選ぶ（選べる）ようになっている。

しかし、これには地域や女性たちの置かれた状況による違いもあると思われる。社会学者の上野千鶴子は、従来の「選べない縁」としての地縁・血縁・社縁にとらわれず、主体的に自由に選択できる「選択縁」を提唱し、特に都市部に住む女性の選択縁を女縁と名づけた（上野 [1988、2008]）。これに対し民俗学者の靍理恵子は、上野が扱った、地縁、血縁が無いに等しい都市部の専業主婦と、地縁、血縁が色濃く残る農漁村の女性たちの置かれた状況は異なることを指摘し、農漁村では「地縁・血縁に選択縁が加わる形で女どうしの絆を形成・維持し」、それによって女性たちが「住みやすい（住みたい）地域を創出してきた」と述べる。つまり、地域の組織に「自動的に加入、強制的に参加」させられるのではなく、「選択できる」ことが従前からの大きな変化なのであり（靍 [2015：47-48]）、「主体的な選択」が自由にできるということは、単純に、地縁、血縁から開放されるということを意味しない。

そのように見ると、女性たち自身が、地縁、血縁にかかわらず、加入することによって何らかのメリットを享受できると認識した女人講や女性のつきあいは引き続き継承されていく可能性を有しているともいえる。

そしてまた一方で、西国三十三所巡拝のツアーを率いるＡさんのように、村落の「ソト」に形成された、新しい形の女性の同行も生まれている。そして、そうしたツアーを介した女性どうしのつきあいにも、かつての女人講のような「信心（祈願）・悩みの共有・共同飲食や娯楽などの楽しみ」などの要素がみられる。

村落社会のなかで、年齢階梯や婚姻によって自動的に加入した女

人講の時代は消滅しても、共通する目的、求める内容を含む「女性のつきあい」やそれを可能にする場は、形を変えながら絶えず生成していくのではないだろうか。

●引用・参考文献

上野千鶴子（1988）『「女縁」が世の中を変える』　日本経済新聞社

上野千鶴子（2008）『「女縁」を生きた女たち』　岩波書店

新修名古屋市史編集員会（2001）『新修名古屋市史　第9巻　民俗編』　名古屋市

靎理恵子（2015）「女どうしの絆があるムラ―血縁、地縁と選択縁―」『女性と経験』40　女性民俗学研究会　38-51頁

戸邉優美（2019）『女講中の民俗誌―牡鹿半島における女性同士のつながり―』　岩田書院

日本民俗学会（2018）「日本民俗学会第70回年会・公開シンポジウム「『講』研究の可能性―人のつながりの追究に向けて―」

丸谷仁美（1997）「女人講の組織とその変遷―千葉県香取郡大栄町一坪田の事例を中心に―」『常民文化』20　25-53頁

南知多町誌編集委員会（1997）『南知多町誌　資料編6』　南知多町

第3章

助けあいの組織
（岡山卓矢）

　助けあいの講、日本でいう頼母子講や契約講は、世界中に似た仕組みが見られ、経済用語の ROSCAs としても知られる。ROSCAs は、Rotating savings and credit association の略称であり、経済学者の泉田洋一はこれを「一定の口数をもって組を組織し、定期に一定の掛金を払い込ませ、抽籤または入札、あるいはそれと類似の方法をもって加入者に毎回一定の金額を給付し、それをまた定期に払い込みの方法によって償還し、全掛金が全加入者に給付されて満期となる仕組みの金融組織」とした（泉田 [1992：3-4]）。開発経済学の分野で提唱された概念である ROSCAs は基本的に金銭給付を想定するが、講の目的物は金銭以外のものであることも多い。宗教的利益のほか、生活物資、サービスあるいは親睦など、有形・無形の利益を目的とする講が知られており、これらを得るため、講加入者らは相互に負担をしあう。講が対象とする利益・目的の内容は多彩である。本章では、金融や生活物資の調達を目的に助けあう講として、頼母子講や契約講について、とくに近代の行政的な影響に注意しながら概観する。

| 頼母子講 |
| の仕組み |

頼母子講は無尽（むじん）とも呼ばれ、グループで資金調達を行う庶民金融として知られる。古くは室町時代にも記録があり、福島県会津における飲食店を拠点とした無尽や、沖縄で起業時資金調達等にも開かれる模合（もあい）など、同様の仕組みで現在も

行われている。頼母子講の基本的な仕組みは以下のようなものである。たとえば月掛けで1年間、構成員10名が毎月1万円を出資するルールを仮定する。月の寄り合いでは10万円が集金されることとなるが、くじ等でこれを受け取る者1名を決める。一人が受領できるのは一度だけで、先に受領したからといってその後の月掛を拒むことはできない。一年を終えると各自の支出総額は12万円となり、収入も同額となる。収支同額では一見無意味かとも思われるが、独力で貯金するのと違い使い込みを防ぐほか、早期の受領は無利子・無担保の借入と同等である点がメリットとなる。

　親を設定するか否かも、頼母子講の違いとなる。頼母子講結成の目的について、松崎かおりは親を立てる形式に見られる経済的救済、親無し頼母子講の相互扶助、親睦の3種に整理している（松崎[1993]）。松崎によると、上述のような親無し頼母子講には利息を設定する場合も多く、掛け金を積み立て、加入者の取得順を入札や順番・くじなどによって決める。後から受け取る方が利息の分だけ得をするが、突発的な必要による不意の落札が損得の上でゲーム性をもたらすという。損得はあれど、一定の平等性を担保した配分ルールである。これに対し、親有り頼母子講は、特定の者を初回取得者に定めて利息を取らず優遇するもので、特定の困窮者を救済する目的を併せ持つ。

　このような自分たちで運営する頼母子講は、近隣や親族・同業者・同郷者・同世代など、日常的な社会関係を基盤とした人々が結成し、また、一人でいくつもの頼母子講に入る場合もある。

　ところで、東京落語の古典「祇園会(ぎおんえ)」は、京見物へ行く珍道中を描く名作だが、旅の発端は無尽で当てた金を「江戸っ子が宵越しの銭を持つな」と叱られ散財を決意するというものだ。一攫千金のロ

マンがあるこの無尽は、近世末頃に流行し、富くじとも呼ばれた大規模のものである。頼母子講と明確に異なるのは、一度だけの出資（くじの購入）で当たることもある点であり、返済の必要はない。仕組み自体は、現在の宝くじにも似ていよう。宝くじの場合は自治体などが胴元だが、富くじは寺社が修繕等を名目に幕府の許可のもとで興行を開き、掛け金を集めてくじで当籤者を選んだ。寺社による直営だけでなく、間に入って興行の運営を担う専門業者もあった。大変流行した結果、富くじ興行が飽和して時にくじ不成立を招き、また射幸的で風俗を乱すものとして天保の改革により規制された。しかし、その後も寺社には「○○講」などを名乗って実質的に富くじを続けたものもあり、明治元（1868）年に東京府が寺社による富くじ的な「頼母子講」を禁じた例もある。

頼母子講と法規制　資金調達の講が、専門の運営者を間に入れて規模拡大する動きは、寺社の修繕費調達という建前を失った明治以降も拡大する。営業無尽・無尽会社が、近代以降に全国へ広まるのである。営業無尽も、基本的な給付の仕組みは一般の頼母子講と同様だが、運営の外部化に伴い講への参加者数の規模は大きく異なった。以下では、明治・大正期の公的な調査結果等から、近代における頼母子講とその法規制面について追ってみたい。

　大正4（1915）年には最低資本金額を定めた無尽業法が施行され、賭博と区別された営業無尽の位置付けがなされた。同年に大蔵省が「無尽ニ関スル調査」結果を発表しており、「無尽講（頼母子講）及営業無尽ノ現状」として、株式会社化し広域に支店運営を行う大規模なものから、個人が請け負ったものまで、全国に831の営業無尽があることを報告している。これらの営業無尽により1万4346の無尽・頼母子講が運営されていた。同調査では、営業無尽が庶民

にとって便利な金融であり、農村部の貯蓄推奨政策にも資すること
などをメリットとして挙げる。一方で利率次第では射幸性が高く、
賭博との関連もある。こうした点から、東京府警視庁は頼母子講ご
とに講員の名簿や規約を記載した契約証書の提出を義務付けて許認
可制とし、罰則付きの強い規制を課した。各県も類似の規則によっ
て営業無尽を縛り、「今日ニ於テ講会取締ニ関スル法規ヲ有セサル
府県ハ漸次減少セリ」とした（大蔵大臣官房銀行課編 [1915：374]）。
警視庁が提出させた契約証書は、出資者と事業者との間に交わされ
る取り決めのことであり、各県では「規約」と表現された。

　大正 14（1925）年 6 月 19 日の大阪朝日新聞には不正頼母子講
が引き起こした親子八人心中事件が報じられており「頼母子講とい
えば金融機関中で最も素人の手の出し易い便利な機関であるといっ
てよい、これら頼母子講から見ると銀行預金の金利等はあまりに馬
鹿らしい感がある、それだけに頼母子講を造る人が多く加入する人
が多い」「普通頼母子といえば月給取の内儀さん達が集って月掛け
二円三円という小さいものからこうした十数口数十万円に上る大き
なものまで」あることを紹介している。これによると業として頼母
子講運営を請け負う講元は、知り合い同士の「かたい」頼母子講と
玄人同士の頼母子講と複数に同時加入し、資金融通をして儲けたよ
うである。無尽の網目が多重に結ばれるゆえに、共倒れを起こして
前述の親子心中事件までもが起きたのである。

　このように大正時代にはすでに各地に運営を外部化した営業無尽
（頼母子講）の利用が浸透していたが、その外側にはさらに多くの小
規模で届出のない頼母子講が結成されていたと思われる。世界恐
慌・昭和恐慌下では、人々の間に一層の資金調達の需要があり、昭
和 10（1935）年に農林省経済更生部が行った「頼母子講ニ関スル

調査」にその様子がうかがわれる。この調査は「農村負債整理ノ参考ニ供スル為」に「無尽、講会、模合其ノ他地方的名称ノ如何ヲ問ハズ其ノ実質ニ於テ頼母子講ト看做シ得ルモノハ凡テ加へ」たもので、営業無尽は調査から除外された。昭和恐慌以来の農村救済対策の一環として昭和8（1933）年に制定された農村負債整理組合法の施行に伴う調査とみられ、これによると昭和9（1934）年は全国に29万9094の頼母子講があり、加入人数は394万3748人にのぼる。当時の人口が6800万人余りであることを踏まえるとその普及度は高い。また、昭和8年中に1万5097件の頼母子講が新設され、ほぼ同数の1万4962件が解散している。頼母子講の継続年数は5年以内のものが23％、5～15年以内のものが57.5％と、全体の8割超が結成15年以内であるから、多数の頼母子講が結成と解散を繰り返していたことがわかる。しかし戦後、昭和26（1951）年に相互銀行法が制定され金銭無尽が禁じられると、ほとんどの営業無尽は相互銀行における相互掛金業務へ転換・収斂した。

　頼母子講は近代の庶民金融として広く普及するなかで、射幸性や講崩れ・詐欺等のリスクからしばしば法規制を受けつつ、小さな社会関係を基盤とした「かたい」頼母子講と、運営を外部化し大規模化した営業無尽・無尽会社の双方が展開した。短期間で結成されては解散していく頼母子講に、人びとは時に複数加入して資金調達・貯蓄に用い、行政も半ばこれを容認していた。小規模の頼母子講・無尽もまた、営業無尽ほどではないにせよ規制の影響を受けたと考えられる。助けあいの講は規約を整備しているものも多いが、こうした規制とのかかわりについても注意したい。

単一目的の契約講　ここまで資金調達を目的に相互に負担をしあう頼母子講について述べたが、資金面以外で、物資等の入

手を助け合うために結成される講についても紹介する。

　大正元（1912）年に宮城県志田郡役所が発行した同県大崎地方の地誌「志田郡沿革史」にはさまざまな「契約」が旧慣として紹介されている（宮城県志田郡役所［1912］、表1-3-1）。町村ごとの記入方法の違いはみられるが「〜に関する契約あるいは習慣」とあるのが散見される。これら「契約」は目的ごとに区別し記述される点が特徴的である。時代が異なるため同一視できないが、昭和30年代の同地域で、やはり目的ごとの契約が展開したことが聞かれる。

　生活を営むには膨大な資材を消費するが、これらの入手に用いられた契約講がある。たとえば、煮炊きや風呂の燃料は、石油や電気が普及するまで固形燃料の薪が多く用いられた。また、住居の屋根も消耗材であり、カヤ葺き屋根は20年程度で交換を要する。薪やカヤを入手するため、ムラ共有の山やカヤ地を管理する例が知られるが、これは地理的な環境によっては難しい。周囲にカヤ地や山がない平野部等では、これらを遠方から調達する必要があった。

表1-3-1　多様な契約の事例

古川町	六親講・水番契約・草刈ノ契約・六親講一名念仏講・三南共盛講・大博講・御斗蔵講・吉祥講・念仏講・巳酉積立講・耕作物夜番・米商協話会・八坂講・青物市場・鍬柄講・上古川ニ於ケル農業上ノ諸契約・庚申講・阿弥陀講・三峯講
高倉村	六親講・琴平講・福神講
三本木町	隣保相救ニ関スル契約・家普請等手伝ニ関スル契約・臨時災難者救済ニ関スル契約・勤倹貯蓄、冠婚葬祭等ニ関スル節倹ノ習慣・労銀ノ蓄積共同作業等ニ関スル契約・公共事業開墾殖林ニ関スル契約・道路掃除ニ関スル契約・水害防禦ニ関スル契約・火盗難予防ニ関スル契約・農業上灌漑ニ関スル習慣・挿秧ニ関スル習慣若クハ契約・草刈ニ関スル習慣若クハ契約・用悪水路浚渫及江替ニ関スル習慣若クハ契約・作場道橋梁堰等ノ修繕保存ニ関スル習慣若クハ契約・宗教ニ関スル契約

志田郡沿革史における旧高倉町、宮城県大崎市三本木新沼上 宿<ruby>にいぬまかみしゅく</ruby>
では、本家である地主層は遠方にカヤ地を所有している場合があり、
分家にもこれを使わせた。刈り取りなど管理を協働で行うが、マケ
（本家と分家から成るグループ）によっては、作業に本家が加わらない
例もあった。一方でカヤ地を持たないマケもあり、その分家は別途
カヤ契約を組んで屋根材のカヤを入手した。
　上 宿<ruby>かみしゅく</ruby> では昭和 30 年代半ば頃まで、植物を用いて屋根を葺くク
サブキ（萱葺きと麦わら葺きの総称）が多かったとされる。ある地主層
の 2 戸は、集落南端を流れる鳴瀬川<ruby>なるせがわ</ruby>下流の他地区にカヤ地を持ち、
自家用のほか分家に低価格で分け、代わりに管理作業をさせた。一
方ある分家は、本家のカヤ地が少なく、鳴瀬川上流 7 km ほど離れ
た他地区に住むカヤ地主からこれを購入するため、数軒でカヤの契
約を組んでいた。契約のメンバーは当家以外はみな他村の家である。
契約に加わる家々は春先に共同でカヤを刈り、管理のための野焼き
作業をすることを条件に地主から共同で土地の利用権を購入してい
た。カヤ地が遠く、運搬に難儀したという。この契約で得られるカ
ヤはそう多くなく、このカヤは自宅屋根裏などへ貯めて屋根替えへ
備え、普段はサシガヤをした。サシガヤとは、屋根を一度にすべて
葺き替えせず、悪くなった部分にカヤ束を足す萱屋根維持の方法で
ある。この方法で 20 年近く屋根をもたせられたといい、カヤが十
分貯まると全体の葺き替えをした。またある家は、高価なカヤを用
いず麦わら葺屋根にした。麦わらはカヤに比べ水に弱く、葺いてし
ばらくは立派だがすぐにひしゃげ、コケが生えやすい。麦わらの場
合も基本は自家製の麦わらでサシガヤしながら、これを貯めて全体
の葺き替えをした。時期にもよるが萱葺屋根は裕福さの象徴だった
という。これらクサブキは昭和 40 年代に瓦屋根の普及につれ消滅

した。

　上宿は山林の無い平野部であるため薪を得がたく、イグネ（屋敷林）では一年間暮らすに十分な量を得られなかった。旧地主の8戸が鳴瀬川対岸の山間部に山を持ち、薪を得ていた。多くの分家は山を持たず、山の契約に加わることで薪を入手していた。山の契約は、こうした薪を欲しがる家々と、中山間部の地主との間を、世話役が取りもつことで一年単位で結成される。世話役は良さそうな山に目をつけ、樹種やその量を鑑みて自身の交友関係から適当な戸数分の家を誘う。対象となる山と、誘う面々は必ずしも毎年同じではなく、世話役の交友関係で山の契約が出来上がる。薪となる雑木林はカヤのように一年草ではないため、結成の仕方がかなり異なる。農作業が始まる前の3月頃、契約に加わった家々は地主への支払と薪採りの作業をする。一山単位で利用権を買い、その頂上から放射状に均等な区分けして入山し、それぞれ一年分の薪を採る。各自が伐採した後、採った薪の量を調整して平等な分配に配慮する。作業が終わればその年の契約は解散し、翌年は違う山・面子での契約となる。

　この世話役は固定されず、顔の広い世間師が務めたという。たとえばある者は、本家の持つ山が大きくないため、別の分家や友人数軒を誘って、山の契約の世話役をよく買って出ていた。ある時山を売りたいとの話を貰い、友人を誘って共同購入し、世話役をやめた。一方、それまで彼の世話による契約で焚物を得ていた別の分家は、これ以降は他の契約へ加わって薪を得た。こうした山の契約も、昭和40年代頃を境に薪が使われなくなり、みられなくなった。

　上に述べたカヤ契約講の例は、屋根葺き資材としてのカヤを得るために家々がカヤ刈りを共同で行ったうえで分配するものである。カヤ葺きがクサブキのなかでも高級品として価値付けられており、

代替の選択肢もあるなかで結成された点に注意しておきたい。山の契約講は、燃料としての薪を得るための契約だが、前提として平野部ではイグネから多少のそれを得られたとしても、基本的には燃料を別途獲得する必要があった。ただし、この地域では近隣に三本木亜炭鉱があり、昭和30年代の上宿ではクズ亜炭を安価に入手できた。比較的においと煤(すす)が少ない薪は、日常用の燃料として亜炭と差別化されており、カヤと同様、薪は代替手段のある高級品だった。

　山が身近にある地域で、契約講によって山を所有する例も紹介しよう。宮城県南三陸町戸倉(とぐら)半島の波伝谷(はでんや)地区では、払い下げとなった官有林の受入先が契約講だった。明治期払い下げの十九名持ちや大正期払い下げの二十九名持ちと呼ばれる山が所有され、払い下げ当時の契約講加入戸が利用権を分配する決まりである。昭和8年払い下げの際には、契約講に加入できない分家らが別の団体を作り、受け皿となった。なお、戊辰戦争に負けた仙台藩は他県に比べ多くの林野が官有となった経緯があり、これの払い下げの展開は独特である。既存の講組織、あるいは新たに結成された講がこの受け皿となる歴史的展開について慎重に検討する必要がある。

| 契約講とムラの研究 | ここまで消耗資材入手などの目的を果たすために結成される契約講を紹介した。契約と呼ばれる社会関 |

係は、ケヤキ姉妹や契約兄弟といって、擬制的な兄弟・姉妹関係に用いられる場合もあり、そのあり方は非常に多様だが、辞書等でよく知られている契約講は以下のようなものだろう。

　契約講は東北から関東地方にかけて分布する村の自治組織で、全戸の戸主から成る。単に契約と呼ばれたり、契約会や六親講などの名もあり、明文化された規約を持つ例も多い。山林やカヤ地・水路といった村の共有地を管理し、共有膳椀の貸し借りや、村社の祭

礼・葬儀・屋根葺き等の互助機能を担う。加入単位は家で、講員は
家督が家を継ぐと契約講を脱退し、舅たちの講（六親講などと呼ばれ
る）へ移る。新たな戸主は寄り合いで加入儀礼を受けて講員となる。
一方で嫁たちも、夫と連動して嫁たちの講（観音講など）から姑の講
（念仏講など）に属する。こうした年齢階梯的な契約講の分布は、と
くに宮城県・岩手県の三陸沿岸地方に顕著である。春秋に開く寄り
合いでは各種協議と共食が行われるが、会場提供や準備に当たる世
話役の家を当前や亭前といって輪番で務める。

　従来よく知られてきた契約講は、ムラの組織として包括的な役割
を果たすそれであろう。契約講研究は、一つに村落構造類型論との
関連で注目された。福武直による東北型・同族結合村落と西南型・
講組結合村落（福武 [1949]）や、江守五夫による東北型・同族制村
落と西南型・年齢階梯制村落の 2 類型（江守 [1976]）は、村落構造
の地域差を日本社会の地域性の問題ととらえたもので、戦後の民俗
学における社会研究の基礎視角となった。しかし同族型が東北型村
落とされた一方で、契約講はいわばヨコの地縁的繋がりをみせる。
「契約講村落は一種の典型的な講組結合形態を示」すと反論した大
竹秀男ら（大竹ほか [1950]）や、契約講が「性と年序による集団系
列が相互に関連しあって、「ムラ」の協同生活の諸機能を分担して
いる」とした竹内利美ら（竹内 [1966]）によって、従来の類型論の
枠組みを崩す事例として、契約講を取り上げる研究が蓄積した。そ
して三陸地方を中心とする沿岸漁村部においては村落の自治組織的
な契約講が見出される一方、平野農村部では契約講がなかったり、
穴掘契約や屋根葺契約などに機能分化した契約がみられるというよ
うに、契約講の機能・組織に地域差の大きいことも明らかになった。
この地域差について、竹内は性と年序による集団系列の存在する漁

村地帯の契約講を「原型」とし、「下北半島や三陸沿岸の漁村地帯には、全般的につよくこうした集団体系が存続し、宮城県下でも平地農村ではかなりまちまちの姿を示しつつも、概して弛緩の様相がいちじるしい」と、地域差を解体過程として解釈した。一方、福田アジオは農村部の契約講で再生産機構・政治機構としての役割、生活互助組織としての絶対的位置、各種行事と組織を兼ね備えた例を「契約の基本形」とし、「性と年齢・地位による集団体系の存在する型は、その分布が半島沿岸部のごく狭い地域に限られていることから（中略）平地農村部の基本形に漁業村落としての特質が加わって、年齢と性による集団体系として成立したものと思われる。決して原型ではないであろう」と、漁村部と農村部の地域差に関する新たな解釈を提示した（福田［1982］）。そして福田は、契約講の地域的差異は歴史的差異でなく、中世から近世にかけて成立した再生産・生活の組織としての村落のあり方によって、近世後期に仙台藩が農村支配の再強化を図って政策的に契約と呼ばれる社会関係を整備した際に、違いとなって現れたと説明した。農村部にみられる目的ごとに結成される契約講は「そのような村落が存在しなかったため」に再生産・生活の組織として定着しなかった結果とされた。

　契約講研究は竹内の「原型」にせよ福田の「基本形」にせよ、村落組織としての契約講に興味が集中してきた。これらは東北を同族型とした村落構造類型論への反論であったし、福田は竹内の超歴史的な村落イメージへの批判として、近世に由来する契約講理解を提示した。しかし、いずれも近代の状況の検討は十分といえず、契約講には前近代のムラが投影されてきたことが指摘できる。

| 葬儀互助の契約
講が迎えた近代 | 　葬儀時に喪家は多くの儀礼・タスクをこなす必
要があり、この大きな負担に対する互助を担う |

契約講は多い。ここでは、前出の上宿の葬儀互助に特化した契約講が、近代において地域の全戸組織へと変化していく様子を追う。

　旧藩政村の範囲を、現在も行政区として利用する地域は多いが、これが一致しない例もまた多い。上宿は、近世の広域な藩政村の中で、宿と呼ばれた地域の一部の家々が、昭和初期に行政区として分かれたものである。仙台藩は地方知行制を採用しており、宿の中央部には知行主とその家臣らが家中集落を形成し、上宿はその上流側に住んだ農民たちをルーツとする家々から成る地域である。上宿が現れる時期を検討すると、地方改良運動期の矯風組織の整備・耕地整理・農業組合の成立がかかわることに注目される。

　まず、宿の家中集落を中央に、農民層の家々がその東西に分かれて展開した近世以来の家分布を踏まえる必要がある。旧仙台藩領で顕著なことだが、明治後期より旧武士層を中心とした北海道等への移住が増え、耕地所有の分布が複雑化した。解消のため大正2 (1913) 年までに耕地整理が実施されて土地が増大し、宿西部の農家に6戸の有力地主が顕在化していく。地方改良運動の時期、全国の行政区に矯風組織が整備され、戸主組織を中核に青年組織や婦人組織が結成されて、国家・地域・家の上意下達の構造が作り上げられた。従来の宿・上宿には戸主組織が無かったが、有力地主ら6戸の戸主が中核となって上宿農家組合が新設されると、後を追ってこの地域が行政区となり、太平洋戦争期に上宿部落会が設置された。

　この地域では葬儀互助の契約講は六親契約講と呼ばれる。とくに墓穴掘りや棺担ぎといった死体を扱う仕事はオモヤク（重役）と呼ばれて忌避感がもたれており、葬儀後に神職の祈禱を受ける。オモヤクは公平に輪番するよう強く注意が払われ、かつては喪家が金を払う必要があった。このように六親契約講は忌避を負担しあう側面

をもち、分家の多い本家には非加入を選択する場合があり、明治
11（1878）年以降の名簿を見ても常に地域内に非加入の家々があっ
た。しかし、新しい行政単位である上宿の成立にあわせて六親契約
講の加入率が上昇し、昭和18（1943）年までにほぼ全戸が加入した。
近代において、国家的に家とその代表としての戸主会を中心とした
地域づくりを進展させたなかで、戸主組織のなかった宿西部では六
親契約講が「活用」されて行政区が整備されたためである。現代に
おいて一見すると地域の全戸から成る組織に思える契約講も、近代
に大きく構成を変化させた場合があることに注意したい。

| 講の流動性と
近代の変化 |

　昨今は、講は講でもネズミ講や無礼講の方が知名
度が高いかもしれない。ネズミ講は経済的な目的
のために構成員をネズミ算式に増やすもので、無礼講は宴席等で普
段の上下関係を取っ払うような親睦的な集会のあり方をさす。いず
れも、構成する顔ぶれや関係性を固定しないという、講の特徴をパ
ロディ化した表現である。

　頼母子講は、近代の庶民金融として広く普及していくなかで、個
人的な関係性を中心とした小規模のものと、運営を外部化して巨大
化する営業無尽が生まれた。頼母子講の基本的な仕組みは資金調達
の手段として今なお有効であり、現代のクラウドファンディングも
似た仕組みをもつが、一方で事件や詐欺も現れて許認可制となるな
ど、各種の法的規制を受け続けてきた。

　契約講研究は、ムラ研究の事例として取り上げられることが多く、
とくに近代の検討が不十分なままに前近代的なムラを考察しようと
することがあった。しかし、たとえば単一目的の契約講に注目する
と、加入が選択的で、顔ぶれがムラの範囲を越えて流動的である面
を見出せる。葬儀互助の契約講の例も、明治期には加入戸が限定的

であったが、農家組合や部落会が作られて新しい行政単位が設定されていくなかで、地域の全戸による組織へ変化していた。

　本章で扱った助けあいの講は、目的達成のために相互に負担をしあう、任意かつ対等な者たちによって結成される。しかし、助けあいの講のあり方は、近代において法や行政の影響を強く受けており、丹念にその歴史的展開を検討する必要があるといえよう。

●引用・参考文献

泉田洋一（1992）「農村金融の発展と回転型貯蓄信用講（ROSCAs）
　　—日本における講の役割—」『宇都宮大学農学部學術報告』15-1
　　1-18頁

江守五夫（1976）『日本村落社会の構造』　弘文堂

大蔵大臣官房銀行課編（1915）「無尽ニ関スル調査」国立国会図書館
　　デジタルコレクション　374頁

大竹秀男・山畠正男・小山或男（1950）「村落構造に関する一考察—
　　三陸地帯の契約講をとおして—」『東北法学会雑誌』1　75-97頁

岡山卓矢（2013）「同族と契約講についての若干の考察」『アジア文化
　　史研究』13　東北学院大学大学院文学研究科　1-20頁

岡山卓矢（2020）「近代における契約講の変化—宮城県大崎耕土の事
　　例から—」長谷部八朗編著『「講」研究の可能性Ⅳ』

竹内利美（1966）「東北村落と年序集団体系」『日本文化研究所研究報
　　告』別巻4　57-69頁

福田アジオ（1982）「第四章　契約講—地域的差異と歴史的性格—」
　　『日本村落の民俗的構造』　弘文堂

福武直（1949）『日本農村の社会的性格』東京大学協同組合出版部
　　67-115頁

松崎かおり（1993）「経済的講の再検討—『輪島塗り』漆器業者の頼
　　母子講分析を通して—」『日本民俗学』193　日本民俗学会　63-
　　104頁

宮城県志田郡役所（1912）『志田郡沿革史』　国書刊行会

第4章

村落構造と「講」
（戸邉優美）

家と「講」

村落社会は、家を単位としてさまざまに結びつき、組織化することで成立してきた。「講」もまた、そうした結びつきや組織の一つである。

　有賀喜左衛門は、家どうしのつながりの基本形を、本家分家など系譜関係を基礎とする結合（同族団）と、系譜関係を持たない近隣組織（組）とに分けている（有賀［1943：46］）。前者は上下・主従の序列がある結合であり、後者は家の格に差のない対等な関係である。有賀の家連合論を受けて、福武直は昭和24（1949）年に、縦の結合「同族結合」と横の連繋「講組結合」の2類型を示している（福武［1976：38-39］）。ここで「講」と「組」が一括りにされているように、「講」は「組」とともに対等な結合を意味する語として扱われてきた。村落内で活動する在地的な「講」は、個人ではなく家を構成員の単位とすることも少なくない。村落社会と「講」については、家どうしの結びつきという観点から「講」をとらえることが重要である。

「講」と「組」

まず、「講」に類似しているという「組」とは何か。「組」は地縁的な互助・連帯組織であり、村落社会にとっては生活協同の基盤となるため、その様態はきわめて多様である。竹内利美は、組織形態に着目して、「組」を「村組」「近隣組」の2つに区分している（竹内［1990：186-199］）。村組とは、村

落内を区分し、それぞれの小地域にある家々の一律的・平等的結合である。その名称は必ずしもクミではなく、ツボ・カイト・コウチ・クルワなどさまざまで、また、旧藩政村や現在の大字と重なることも多い。近隣組は、江戸時代の五人組制度や近代の隣組・隣保班など、村落外部からの要請にもとづく生活協同機能の基体である。したがって、近隣組は村組の内部に組織されていることが多いが、村組が重層していたり、近隣組が村組をまたいだりと、具体的な構造は村落によって異なる。

　たとえば、千葉県野田市中野台地区は、内部が12の町内（ちょうない）に区分されている。地区では中野台鹿島神社を信仰し、7月16日に祭礼を行ってきた。他方で、町内の一つで、かつて河岸（かし）があった一町内（いっちょうない）では水神信仰があり、7月14日に水神宮の祭礼を独自に行ってきた。一町内の内部は10の班（組）に分かれており、毎年交代で水神宮祭礼の直会当番を務める。竹内利美の区分に倣うと、中野台地区は村組、班は近隣組となるが、町内はどちらだろうか。一町内は江戸時代からの河岸町だが、中野台には戦後に作られた町内もあり、町内という層では村組と近隣組が併存している状況といえる。また、一町内でかつて行われていた備射講（びしゃこう）（稲荷ビシャ）では、町内を上組・中組・下組の3つに区分し、組ごとに実施していた。このことは、村落における信仰的講が「組」に重なって組織されてきたことを示している。

　このように、「講」が「組」と一致あるいは重なりあっている例は、全国的に広くみられる。信仰的講にかぎらず、契約講など社会的講や頼母子講・模合など経済的講もまた、村落社会においては「組」の規模・単位に相当して行われてきた。このため、ある地域では葬式の互助組織を無常講と呼ぶのに、別の地域では葬式組と呼

んでいるなど、同じ機能の組織に対して、それぞれ「講」「組」と名づけられている場合がある。竹内利美は、名称からそれぞれの違いを見出すとすれば、「『講』は集団の機能に即した名称であり、『組』はその組織に即する呼称である」とする（竹内［1990：186］）。名称に対するこの説明は、「講」と「組」の違いを村落社会内部からとらえるものでもある。つまり、地縁を基礎とする「組」の対等・平等的結合に対し、「講」は集団そのものに凝集性があり、平等的結合と共に重要な結集原理として自発性を有している。

共有する「講」 モノの共有は、共有している者どうしの立場が対等であることで成立する。村落社会においては、新しい農具や水車臼などの大掛かりな道具、葬儀用具など頻繁には使用しないものを共有することで、導入や管理のコストを下げる工夫が行われてきた。

　こうした結合に、冠婚葬祭や祭礼の時に使用する膳椀の共有がある。椀倉などと呼ばれる倉庫を建てて、共同購入した膳椀を保管し、必要な時に借りて使用する。南関東に分布する共有膳椀の「講中」「椀講」をみると、「組」の構成と重複することが多いが、自前で用意できる富裕者は参加しないなど、目的の共通した仲間で集団を形成するため、「組」ではなく「講」を呼称している例が多いようである（『南関東の共有膳椀』編集委員会［1999］）。

　共有膳椀の利用は帳面に記録されていることが多く、これをみると、利用料が一定の金額で統一されている場合とその時々で異なる金額が記載されている場合とがある。定額の利用料は、家の格や経済状況にかかわらず、全員が同じ条件で借り受ける、水平的平等の結合といえる。一方で、その利用料が借りた家によって異なるということは、共有に水平的平等を求めないということであり、家々の

経済状態に応じた互助・平等の結びつきが指摘されている（神[2001：21]）。このように、モノの共有には村落構造とのかかわりが窺える。

　宮城県石巻市・女川町にまたがる牡鹿半島では、膳椀のほか、婚礼衣装、角樽、油単など婚礼に関するさまざまな道具が共有されてきた。これらを購入・管理していたのは、女講中という既婚女性たちの講集団だが、自分たちで着るために婚礼衣装を用意していたわけではない。大原浜女講中の会計簿によると、同講中は昭和22（1947）年頃に婚礼衣装として振袖を3500円、丸帯を230円で購入している。このとき、青年団から2000円の寄付が贈られている。当時在籍していた元団員（女性）によると、家の経済状況を懸念せずに花嫁衣装を着たいとして、未婚者の集団である青年団から、膳椀などの貸出しで実績のあった女講中に、購入と管理を依頼したという。女講中の婚礼衣装は、講員やその家族だけではなく、希望すれば誰でも借りることができた。昭和31（1956）年に大原浜へ嫁いできたある女性は、大原浜女講中の婚礼衣装を着て嫁入りしてい

写真 1-4-1　集会所に保管される
大原浜女講中の共有膳椀
（平成 19 年 10 月撮影）

写真 1-4-2　泊浜女講中の婚礼
衣装（平成 26 年 6 月撮影）
（戸邉 [2019：109]）

る。女性の実家は裕福であり、経済的な事情によって女講中の衣装を借りたというより、嫁ぐときにこの衣装を着ていることに意味があったといえる（戸邉［2019：101-113］）。

　婚礼衣装を共用することで、花嫁どうしが経験を共有し結びつき、また花嫁自身がこれから加入する女講中とのつながりを得ることができた。このように、モノの共有をめぐる講的結合は、経済的な目的の達成を通して講員どうしが均質につながるほか、花嫁と女講中のように、講の外側にいる人とつながって社会的な結びつきを形成することもある。

年齢と「講」　村落社会では、ある年齢に到達すると、子ども時代が終わって成人したとみなされた。村落にとって年齢とは、国家的な成年や定年とは異なる意味をもつものだった。男性の場合、15歳頃を成年とすることが多く、これを機に子供組を抜けて若者組に移り、一人前の村人として祭礼や共同作業に参加した。

　成人儀礼のなかには、同輩で連れ立って霊山や社寺に参ることも広く行われた。岩木山の信仰圏である青森県津軽地方では、行者の登拝行事として、旧暦8月1日に岩木山から御来迎を臨むことが行われてきた。この岩木山登拝は、15～16歳になった男子が一人前として認められる通過儀礼でもあった。とくに初参りの者は、7日間斎戒し水垢離で身を清めてから、浄衣に幣帛のいでたちで登り、帰るときには烏帽子に仮面の異装となり、村では彼らを笛・太鼓で歓迎したという（中山［1928：400-401］）。この山登りが済むと、若衆の仲間に加わることができた。同様に、近畿地方では、別火の精進生活を送ってから大峰山へ登拝することが広く行われ、「小学校卒業の頃、大峰入りを済ませていなければ、男の面目が立たぬ」と

もいわれるほど重視されていたとされる（桜井［1970：244］）。このように、通過儀礼としての山岳登拝は、大人の講集団への仲間入りを伴っていた。

　年齢によって区分された集団を年齢集団といい、一定の年齢に達すると集団を抜けて、上位の年齢集団に移っていく仕組みを年齢階梯制という。成年に係る男性の年齢集団は、結婚あるいは25歳前後で脱退する青年型と、30歳以降に脱退する青壮年型に大きく分けることができる。青年型は未婚者中心の集団であり、経験や学びの期間としての側面が強いが、青壮年型は未婚・既婚混合で、村落の自治に主体的に関与するが多い（瀬川［1972］、福田［1984］）。

　同じ年齢あるいは年齢層で構成された集団は、家を単位とした「組」と同じく、平等な結びつきを形成する。年齢階梯制における上位集団と下位集団、また、集団内の年齢に準じた序列など、上下関係が明確であると同時に、同じ年齢どうしは対等な関係である。また、加齢によって等しく地位が上昇するという点でも、構成員にとって平等な条件で集団が構成されているといえる。

　たとえば、宮城県牡鹿町小網倉浜（現在の石巻市）の若者契約講は、男性が15歳になると加入し、42歳で脱退する、年齢集団型の組織だった（竹内ほか［1959：98-100］）。役職者を年長者層から選出し、寄合では年齢順に着席するなど、組織内には年齢による序列が働いていた。「組」が家を単位とする結合であるのに対し、年齢集団は年齢という構成員個人的な要素にもとづく結合といえる。

　ただし、必ずしも年齢だけが指標となるとは限らず、長男か次三男以下であるかによって加入の可否や区別が生じるなど、家制度や相続形態との関連が強く表れる場合がある（福田［1984：120-131］）。小網倉浜の若者契約講も、年長者層であっても部屋住みの者はデイ

の間（奥座敷）に着席できないなど、純粋に年齢のみを基準とするのではなく、家における立場を反映した序列となっていた（竹内ほか[1959：98-100]）。結婚しない、つまり家を継承しない者は、小網倉浜においては一人前の村人にみなされないことを意味していたといえる。年齢集団としての「講」は、必ずしも年齢だけを基準としておらず、個人と家とを複合的にとらえ、村落社会に位置づける装置としても機能してきた。

　同様に年齢を重視する講集団として、同年講（同年会）がある。年齢集団は年齢で区分するのに対し、同年講は同じ年齢どうしで小グループを形成し、一生に亘って交際するものである。同年講はとくに九州地方に分布し、佐賀県厳木町（現在の唐津市）では、15歳になると同齢どうしで年に1回、多くは正月中に宴会を開く。高齢になると回数が2回程度になり、同齢者が少なくなると、歳の近い同年講に加えてもらう。また、同齢者が亡くなると、必ず葬儀に参列した（桜井[1952：346-349]）。若者が亡くなった時に、同じ年の者が手や餅で耳を塞いだり、年齢より一つ多く団子を作って食べたりする行為や、葬儀への参列など、同じ年齢の者どうしに特別なつながりを見出す習俗を同齢感覚という。

　その一方で、同齢どうしの集団については、実際には上下1～2歳の年齢幅まで容認されていることが多く、竹田旦は年齢の近い小グループの形成を同輩集団と呼んでいる（竹田[1989：55]）。同輩集団もまた、基本的にグループの形を変えずに生涯つきあいを続ける。こうした小集団は、ケヤク（津軽地方）、友達講（近畿地方）、ツレ・ホウバイ（東日本・西日本）、ドシ（四国・九州地方）など全国に広くみられる。共同作業や共同飲食のほか、仲間が亡くなると野辺送りをしたり幟を贈ったりした。

同年講や同輩集団は、制度的な組織である年齢集団とは異なり、インフォーマルな結びつきの強い、非定型の友人集団である。村落構造に深く関与する年齢集団に対し、同輩集団は社会的な役割・義務を負わないが、この仲間で夜なべや泊り宿をしたり、恋愛や結婚を支援したりと、生活や人生を豊かにするうえで重要な「講」だった。

性別にもとづく「講」　ところで、年齢集団は基本的に男性と女性に分かれて組織される。村落構造との関連から、組織化された男性の講に注目が寄せられたため、年齢階梯制理論に女性側の組織や制度を欠くことを問題視する（関［1958：213］）など、男女集団の対応や女性集団の特色を指摘する研究も提出されてきた。

　村落社会では、戸主の講、主婦の講というように、男女の講集団が対応して存在することが少なくない。ただし、男性の講が年齢で区分されている場合でも、女性の講は家での立場やライフステージによって編成されることが多い。これは、初経、嫁入り、妊娠、出産、育児など、身体的な変化や人生における発達段階によって、村落社会での位置づけが移行することにかかわっているといえる。

　たとえば、若い既婚女性の講は、子授けや安産、子どもの成長を祈る講であることが多い。それが、育児が一段落したり、姑が隠居して家計を任されたりすると、壮年女性の講に移る。さらに、隠居して世間から退くと、念仏講などの信仰的講に参加する。このように、一定の年齢層や家における立場、ライフステージごとに集団を形成し、それが複数重なっている構造・制度を、年齢階梯制に対して世代階層制といった（村武ほか［1959］）。男性の側でも、年齢ではなく、跡取り息子・戸主・隠居した老人のように、世代階層制の集

団形成を行う例は少なくない。男女とも、基本的に一つの家から1名ずつ参加する仕組みであるため、戸主の集団が村落社会の基幹組織となるなど、「組」とも強く関連する場合がある。

　女性だけで構成される女人講は、全国的にみても、子授け、安産、子どもの成長など、子どもを「講」の目的としていることが多く、村落社会における若い既婚女性への期待がみえる。千葉県・茨城県の利根川流域には女人講のある村落が多く分布しており、子授け祈願で知られる大杉神社詣でや女性への御利益を授ける観音信仰が行われてきた（丸谷 [1996]）。また、月待講が盛んな地域でもあり、女人講でも定期的な講行事、飲食が行われてきた。こうした月待の集まりは、娯楽的・遊興的な場として講員の楽しみであるとともに、村落の外から嫁いできた嫁を受容し、嫁どうしが親密性を高めることのできる大切な機会でもあった。

　男女ともに同じような年齢層の講集団を形成している場合、村落社会においては制度的あるいは内容的に対応している場合がある。たとえば、跡取り息子である夫が男性側の集団に入り、女性側の集団にはその妻が加入する仕組み、あるいは、男性の集団が村落の祭りを主催し、女性の集団が直会の食事の用意を担当する、などである。宮城県牡鹿町谷川浜では、その年初めての地蔵菩薩の縁日である正月24日に、女性の講集団である女講中が「初地蔵」という行事を行っていた（戸邉 [2019]）。嫁に来た女性が初めて参加する行事で、谷川浜の地蔵菩薩を磨いて化粧するというものだが、その前に、男性の講集団である契約講が地蔵を納屋や床下に隠してしまう。女講中はこれを探し出し、見つけることができれば、契約講が直会の食事を用意したという。見つけ出せなければ、契約講に隠し場所を教えてもらい、女講中が食事を用意した。ほかにも、春祈禱で契

約講と女講中がそれぞれ獅子舞を披露するなど、男女の講が対と
なっていた様子がうかがえる。ただし、村落の祭礼や防災、村落内
のさまざまな調整を担う契約講に対し、女講中は子授け・子育て祈
願のための講や婚礼への関与を行っており、それぞれの活動内容は
独立している。男女別の集団形成を対象とする際は、形式としての
対応関係と実態の非対称性に留意しなければならない。村落構造を
把握するためには、男女双方の視点から村落社会をとらえる必要が
ある。

同族集団の「講」

ここまで、平等的結合を前提として村落社会に
おける「講」をみてきた。「講」それ自体は必
ずしも地縁を前提とはしないが、目的を同じくする人びとの集まり
として、村落社会においては「組」と似た結合として機能してきた
ためである。ただし、「講」が序列や区別のある結びつき、たとえ
ば同族結合とは相反してきたというわけではない。本家分家関係を
拡大したり、同族の凝集性を高めたりと、村落社会の中には「講」
が中心となって同族集団の維持に作用してきた例も多くみられる。
顕著なのが、同族の氏神祭祀にもとづく結合である。

　鹿児島県薩摩半島・大隅半島では、ウッガン（内神）やモイドン
（森殿）の信仰が広く分布しており、ウッガン講、モイ講という祭祀
集団が組まれてきた。佐多町島泊（現在の南大隅町）では、カドとい
う同族集団で祀るウチウッガンがあり、その祭礼をウッガン講とい
う（桜井 [1962：121-126]）。9戸の家で構成されているあるカドで
は、ウッガン講のヤドは5戸の旧家が順番に務めており、祭礼自
体も元々は旧家だけで実施していたという。後から創設したイン
キョ、ワカサレの家々は旧家とともに同じウチウッガンを祀りつつ、
その関係には明確な区別がある。ウッガンの祭祀は村落や個別の家

でも行われており、重層的な祭祀の実態がうかがえるが、ウッガン講のヤドが本家に固定している例、講の費用を捻出する田を本家が世話する例など、同族集団の結合要素となっている点は重要である。

　ほかにも、近畿地方から中国地方にかかる株講など、同族で共同祭祀し、「講」を構成している例は各地に分布してきた。東北地方でもマケなどの同族呼称に同族の祭祀対象を冠して、羽黒山を信仰し参拝する羽黒マケ、観音菩薩を氏神とする観音マケのように、講的結合を形成している例もある。これらの同族関係における「講」は、在地的な信仰集団として機能しつつ、葬儀や屋根普請など相互扶助の組織としての側面も有している。

　|「講」と村落構造の相関|　村落社会における「講」は、祭祀や協働など目的を同じにする家あるいは村人どうしの結合として機能してきた。村落構造をめぐる議論では、家どうしの地縁的な互助・連帯組織である「組」と一体的にとらえられてきたが、同齢の仲間や同族関係など、集合する要因や実態は多様である。

　村落の「講」は、村落構造に相関しながら展開してきた。村落社会を営むために必要とされ生まれた「講」がある一方で、「講」に伴って村落社会が形成されていく場合もある。「講」が元々の目的から拡大し、生活互助や信仰祭祀の基盤としても定着していれば、講的結合だけを村落構造から切りとることは困難である。村落社会における「講」は、在地的な集団の一形態としてだけではなく、地域の村落構造とともにとらえる必要がある。

●引用・参考文献
　有賀喜左衛門（1943）『日本家族制度と小作制度』　河出書房
　桜井徳太郎（1970）『日本民間信仰論』増訂版　弘文堂

神かおり（2001）「共有膳椀の『成立』をめぐって」『民具研究』123 日本民具学会　13-24 頁

関敬吾（1958）「年齢集団」『社会と民俗 1』日本民俗学体系 3　平凡社

瀬川清子（1972）『若者と娘を巡る民俗』　未来社

竹内利美・江馬成也・藤木三千人（1959）「東北村落と年序組織」『東北大学教育学部研究年報』7　東北大学教育学部　63-172 頁

竹内利美（1990）『村落社会と協同慣行』竹内利美著作集 1　名著出版

竹田旦（1989）『兄弟分の民俗』　人文書院

戸邉優美（2019）『女講中の民俗誌―牡鹿半島における女性同士のつながり―』　岩田書院

中山太郎（1928）『日本若者史』　春陽堂

福田アジオ（1984）『日本村落の民俗的構造』　弘文堂

福武直（1976）『日本村落の社会構造』福武直著作集 5　東京大学出版会

丸谷仁美（1996）「利根川下流域の女人講―観音巡行・巡拝習俗を中心に―」『日本民俗学』206　日本民俗学会　99-122 頁

『南関東の共有膳椀』編集委員会（1999）『南関東の共有膳椀―ハレの食器をどうしていたか―』　関東民具研究会

村武精一・郷田洋文・山口昌男・常見純一・武村卓二（1959）「伊豆新島若郷の社会組織―世代階層制村落の研究―」『民族学研究』22（3-4）　日本民族学会　182-222 頁

第5章

講集団の再編と存続

（石本敏也）

結成以後への着目	本章では、宗教的講を中心として、講集団の結集ではなく、講集団の存続、という観点か

らみていきたい。端的にいえば、講集団の結成以後への着目である。

　講集団は、ひとたび結成されれば、以後そのまま継続し得るというものではない。結成された講集団が長く継続される過程には、種々の出来事が生起し、それに対応すべく講集団も変遷を経験する。本章では、講集団の結成以後という観点から、その種々の変遷を存続という語に置き換え把握していくものである。当初宗教的目的を持って結成された講集団は、いかにして存続し得るのであろうか。とくに講という、比較的ゆるやかなまとまりをもつ集団が如何に存続し得るのかという観点は、その活動を知るうえでも重要な視角の一つといえる。

　なお、講集団の変遷については、たとえば外来信仰の氏神化や（桜井 [1962]）、地域社会との関係を指摘した論考がある（八木橋 [1990]）。とくに桜井の研究は、講研究にあたり欠かすことのできない基本文献として位置づけられるものである。その主張は、地域社会に外来信仰が到来し、受容されていく過程で形成された講の変遷の把握をめざすという、講集団を動きとともにとらえる視角を提起している。本章ではこうした桜井の提起に沿って、講研究が当初保持していた動きある存在として、講集団をみていきたい。

　講集団は、結成後どのように存続し得るのであろうか。東京都狛江市和泉地区にある山谷の庚申講の事例をみていきたい（狛江市史編集専門委員会［2020］）。庚申とはいわゆる干支のかのえ・さるをさしており、庚申をさす日は60日ごとにめぐってくる。この庚申の日に夜を徹した講を行うのが庚申講であるといえる。山谷の庚申講は堂をもち、中には2基の青面金剛像が浮き彫りされている庚申塔がある。この塔の刻銘をみると、右側の塔に「宝永元庚申」、左側には「文化元」の文字が見え、宝永元（1704）年、文化元（1804）年という近世の時にはすでに講が結ばれていたことが確認できる。

　庚申堂を守る山谷の庚申講と呼ばれる講集団は、現在14軒ほどの講員であるが、かつては20軒以上を数える講集団であったという。この庚申講は祭りを例年11月に行うが、これは農閑期に祭日をあてたのだろうとされる。祭りには、毎年2軒の家々が当番となって、祝宴の準備・運営などにあたっていた。準備は、当番の2軒のうち1軒が祝宴のヤドを提供し、講員へのふるまいを行う。加えて、屋外にある庚申塔の管理も担当しており、掃除や供物の手配など忙しく過ごすものであった。

　ところが、その後生活環境が激変し、当番の一つの役割であった自宅での祝宴が難しい時代となる。かつての山谷では、多くの家でも結婚式や葬式のときに人を呼べるよう広い座敷があったので祝宴のヤドを提供することができた。しかし、今の住宅はそうしたかたちではなく、また祝宴に向ける準備も大変になってきたのである。

　そこで平成時代に入ってからは、祝宴は自宅ではなく飲食店などを活用するようになった。さらに平成20（2008）年頃には、当番の選出法そのものが変化する。これは講集団全体を2つの組に分け、

双方から毎年交代で2軒の当番を出すかたちに移行し、さらに諸々の作業はその2軒の当番の属する組全体で当番を補佐するものと変化したのである。

　こうして祝宴の宿を自宅外に用意し、かつ手伝いも組全体が支える形となり当番の担当は以前と比べ行いやすくなった。しかしながら、店の選定・予約から、講員への案内を回すことなどは従来通り2軒の当番が担当している。つまり、変遷は現在の実情に沿う形にしつつも、当番主体の執行形態自体に関しては旧来のかたちを活かしたものといえる。

　この講集団の存続は、生活環境の変化を起因とし、宗教的講でありながらも、単純な信仰心の衰微等によるものではないところに留意しておきたい。つまり、講集団の存続への着目は、素朴な祈りによって結ばれた宗教集団としてだけではなく、当該集団が何を残し、何を再編し講集団として継承していくのか、講員の視線からの講集団の把握が可能になってくるといえる。

合併する講集団

　先に、講集団の運営にとって必須である当番の変遷を元とした講集団の存続をみてきた。次に、存続のために2つないし複数の集団が、合併する事例をみていきたい。これは講集団の人数自体が減少した際、別々の講集団が合併し人数を補完し存続を果たす事例である。

　同じく東京都狛江市の事例で、岩戸地区の稲荷講をみていきたい（狛江市史編集専門委員会［2017］）。

　稲荷講とは、稲荷神を信仰する講集団であり、2月初旬にある初午が大きな行事である。狛江市内では、共通の先祖から分かれた同姓の講員を主とした稲荷講と、近隣の家々がまとまり構成される稲荷講の2つの形態が認められるが、岩戸地区の稲荷講は後者である。

岩戸地区の社会構成はかつて大きく4つの村組から成立していた。すなわち原組、五軒屋組、東組、西組の4つであり、念仏講などもこの各組ごとに存在していた。そしてこの村組に基づき組織された集団として稲荷講がある。

　この岩戸地区では3つの稲荷祠があり、原組で一つ、五軒屋組で一つ、そして東組・西組があわさって一つである。まず東組・西組であるが、岩戸地区の鎮守社である八幡神社境内にある岩戸稲荷にて祭祀を行っていた。ただし初午後の直会は各地区別である。当然当番宿は別であり、会計も帳簿も両組それぞれが独自に運営・作成をしていた。つまり信心する稲荷祠は一つであっても、講中は別ということになる。東組・西組、ともに15〜20軒ほどで構成されている。

　次に五軒屋組の稲荷講であるが、伊井出森稲荷と呼ばれる稲荷祠が組にはあり、初午になると当番制で行事を行っていた。講集団は9軒ほどであり、廻り番で当番を務めていたが、やがて当番の負担が大変であるとして、昭和25（1950）年より、東組・西組が祀る岩戸稲荷と合同で祭祀することとなった。そして原組の稲荷講であるが、組内に原稲荷とも呼ばれる稲荷祠があり、講中12軒ほどの家々で祭祀が行われていた。しかし原組もその後講員数の減少に伴い、これも平成11（1999）年に東組・西組の岩戸稲荷と合祀ということとなった。

　このように、もともと別集団のもと行われた4組の初午行事が、各地区の事情により、こんにちでは4組合同での祭祀となっている。現在初午行事は、八幡神社境内内にある岩戸稲荷にて、当番も代表として1名、そして初午の直会についてはこれも八幡神社社務所で行われるようになった。こうして一見、組織が一つにまとまった

ようにみえるが、ここでもう少しその仔細を把握したい。

　まず当番代表は1人であるが、その選出は、4人のその年の当番のなかからまわり番で決められている。つまり当番は毎年4人おり、そのなかの代表がその年の当番代表のわけである。そしてその4人の当番とは、かつての4組のなかから1人ずつ選ばれるのである。すなわち現在もなお、各組から変わらず当番が選出されていることを確認したい。また、初午行事の祭壇ともなる場所に「正一位稲荷大明神」と大書された大きな掛軸が据えられるが、これも4本あり、それぞれ各組が持参したものである。初午の翌日にある直会にも4つの講集団が持ち寄る掛軸が掛けられるが、その軸の前にも一膳ずつ、お神酒と供物が供えられるのである。

　このように、もともと別の講集団であった稲荷講が、各講集団の事情により一つに合同されるが、その役員の決め方や道具などをみていけば、それまでの4組の姿が確認できる。文字どおり祭祀は「合同」なのであり、旧来の村組を残して講を存続させる人びとの姿に、内部からの講集団への位置づけを知る可能性を考えられるだろう。

　関東の稲荷講を考察してきた牧野眞一は、もともと田の神との関連で信仰された稲荷講が、稲作をやめてしまった地域でも根強く存続していた要因に、地域社会を基盤にもつことをあげている（牧野［2013：365］）。講集団は、こうした地域社会のあり方を考えるうえでも重要な事例の一つといえよう。

| 代参講の存続 |

　先述してきた存続の2例は、地域社会での祭祀を主とするいわゆる在地講の事例である。第1章でも述べられているよう、講の形態としてはもう一つ、遠方の地へ代参を行う代参講（参拝講）の姿が指摘されている。では代参講

における存続のあり方は、どのようなものであろうか。

代参講は遠隔地に赴くものなので、時間や経費の大きさがその存続に影響を与えるものとなる。先ほどまでみてきた東京都狛江市の事例でも、小足立地区には榛名・三峯講中があり、群馬県の榛名山と埼玉県の三峯山を信心している事例がある（狛江市史編集専門委員会［2018］）。

この講員は小足立地区の人びとから成り、昭和30年代には講員は22軒ほどであったが、昭和60年代には増大し40～50軒ほどになったという。ただし、その後は家々の世代交代などとともに抜けていく講員が増え、近頃の人数は20軒ほどである。当番は4～5年で一巡し、かつては当番が代参に行っていたとも話される。

かつての代参は、榛名山・三峰山の両方を日帰り行程で参詣するので、なかなかに大変であったという。こうしたなか人数減少もあり、現在代参は5年に一度となり、自動車の分乗で行くかたちとなっている。ここでみたいのは、代参後の活動である。

かつては、代参に行った講員が小足立地区に帰ってくると、受けてきた祈禱札を全戸に配り、あわせて八幡神社の境内にある榛名山・三峰山の合同祠に納めて拝礼を行った。これを「祀り込み」といっていた。人数減が進む現在は、まずいただく祈禱札が、榛名山神社・三峯神社から郵送で送られるかたちに変わっている。そして祈禱札が届く春の4月頃、講員全員は鎮守社である八幡神社の参集殿に集まり、札を祠に納め、招かれている市内の伊豆美神社の神主に祝詞をあげてもらい、一同で拝礼する。これが現在の「祀り込み」である。いただいた祈禱札はこの神事終了後の直会のおりに、全講員に分配されることとなる。

このように、小足立地区では世代交代などの契機により講員数が

減少し、毎年の代参が厳しくなると、代参は5年に一度というかたちで回数を減らし存続しやすくしている。他方、代参後の活動に目を向ければ、郵送に変えながら祈禱札を毎年いただくかたちを保持し、代参後の「祀り込み」も若干変容しながら行われている。代参講の代参後の活動の把握からは、代参自体は変わりながらも状況にあわせ、講集団の活動が存続されていることを確認したい。

| 講を支える地域 | 次に、広範囲にわたり活動を展開し、規模も大きな代参講の存続の事例を示したい。小林奈央子が明らかにしている愛知県北部を中心として展開する尾州鷹羽講の事例である（小林［2020］）。

尾州鷹羽講は愛知県北部と岐阜県美濃地方に講員を有する講集団で、秋葉総本殿萬松山可睡斎（静岡県袋井市）の秋葉参拝講である。明治初年に可睡斎より秋葉三尺坊大権現の分霊を受け、下野村（のちの高雄村、現扶桑町高雄）の満光院（現在は廃寺）に祀ったことが創始とされる。約7000世帯が加入する可睡斎への代参講としては最大規模であり、年3回代参を行っている。ただし、尾州鷹羽講もまた、講員の減少などの講の存続が危機的な状況もあったという。小林は、こうした状況について、尾州鷹羽講が講集団の「中身」の改変・再編を遂行し乗り越えてきたと指摘する。

尾州鷹羽講の特徴として、講集団が代参だけでなく、代参から戻った後も在地での活動が非常に多いことがある。とくに本尊・秋葉三尺坊大権現の御霊が納められた「お厨子様」を1年間預かり奉斎する「講元」（年番講元）が毎年改められる、講元替えの祭礼（遷座祭）は盛大に行われている。加えて、奉斎する1年間、「お厨子様」を講の各地域でまわす「廻り秋葉」が行われている。

こうした広範囲での在地での講活動を支える「中身」の改変・再

編として、まず中心的な担い手を、昭和40年代～昭和60年代にかけて、5市4町の講加入地区全体の持ち回りから、発祥地である扶桑町高雄に限定していったことがある。講が広範囲に展開する組織であるゆえに、中心的な担い手を明確にすることは、継承する担い手自身の責任の自覚化が強まり、かつ限定された範囲のメンバーへの変化により綿密な組織づくりや運営が可能になったという。

　他方、先述したように尾州鷹羽講は遷座祭を主とした在地での活動が多いため、地域との結びつきは必須なものとなる。この点扶桑町高雄の例でいえば、遷座祭は、関連する在地の自治会組織や子ども会、消防団や消防クラブ、地元のコミュニティー組織など、地域の諸組織との協動により運営が為されている。

　また尾州鷹羽講本部が位置する扶桑町は他所から転入する新住民も多い町である。講はこうした新しく町に来た住民にも声がけし、また新しい住民も、近所付き合いの延長として講員となるという。こうした新旧住民の多くがかかわる大きな行事に、氏神社の祭礼がある。そしてここに登場する祭りばやし保存会は、氏神社の祭礼においても、遷座祭においても欠かせない存在となっているのである。

　このように尾州鷹羽講は、講員に加えて、自治会や子ども会、祭りばやし保存会など、講とは別組織ながら講の活動に関与する、地域内の別組織の所属を兼ねる住民によっても支えられていることを認められよう。

講が引き受けてきたもの

これまで講集団と地域社会との重なりをみてきた。ただし講集団が地域社会と重なるがゆえにその事情により、その存続のあり方が単純に受け入れられているわけでないことを留意したい。新潟県東蒲原郡阿賀町五十島の、毎年3月に行われる百万遍行事を行う百万遍講の事例をみていきたい（石本

［2012］）。

　五十島集落は120戸ほどの集落であり、百万遍行事はかつて集落内の上村地区・下村地区・上ノ山地区の、3地区別個に行われていた。開催場所は申し込み制で、主に新築の家などはお祝いとして積極的に申し込みヤドとなった。百万遍行事は参加者が念仏を唱え大数珠をまわすものであるが、五十島では時にふざけて参加者がまわしている大数珠をつかみ、厄祓いとして参加している厄年の者の身体を叩くなどもして、賑やかに行われていたという。行事終了後は供えられた藁で作成した縄を各自持ち帰り、家の玄関につけて魔除けとするとともに、3地区の入口あたりにこれも用意された木札をかけ、一年の魔除けとする。

　ところが、近年少子高齢化や集落の過疎化により参加者が少なくなり、またヤドを申し込む家もなくなってきたため、行事の存続が困難となった。そこで各地区の世話人が集まり、3地区合同での実施をすることとなった。ところが、この合同案は強い反対を受けるものとなったのである。

　反対理由は、五十島が伝えている集落の言い伝えを背景としていた。言い伝えでは、五十島では百万遍行事はもともと集落全体で1ヶ所で行っていたが、ふざけて大数珠を使って叩き合いなどをしたため、その後の直会ではお酒の勢いもあって喧嘩がよくおきた。あるとき遂に地区ごとの大喧嘩に発展してしまい、これでは集落がまとまらないとして大数珠も3つにし、3地区別個に分けて行うようにした、というものである。反対意見は、まずこうした経緯を無視してはいけない、というものであり、さらにこの言い伝え自体を後世に伝えていけるか、というものであった。合同案を推進する側はこの意見を重くとらえ、3地区の姿を色濃く残す合同行事として

再編を行い、了解を得て平成 18（2006）年に合同しての第一回を実施した。

　その再編であるが、まず組織は、新たに百万遍講として地区をまとめた組織を作り支払いなどを一括管理し利便性の向上を図る一方、その役員は 3 地区から均等に出るよう配慮された。また行事後つけられる 3 ヶ所の魔除けも、かつてと同様各地区の責任で下げられている。使用する大数珠も新たに 1 本とするのではなく、これまで使用した大数珠を使用することとした。行事は場合により記念写真撮影をすることがあるが、このときも参加者一同の前に 3 つの大数珠と 3 つの木札がともに撮影されるよう配慮がされている。

　こうして五十島集落では、合同した組織による一つの行事を顕現させたが、意図的にかつての 3 地区の姿を留めることにより、3 地区で行っていた時代の集落の言い伝えを残す試みを行った。五十島の人びとにとって百万遍講は、一つの宗教行事のみならず、五十島の歴史を言い伝えとともに引き受けているものであった。それゆえにかつて 3 地区で行われていたことを視覚的にも残すような意図があり、それにより上述の言い伝えそのものを受け継ぎ、伝えていこうとする参加者の考えが顕現しているのである。

講集団の再編　本章の最後に、少子高齢化等による講集団の担い手の減少への対応として、集落内のせめぎ合いを経ながら再編を行い、さらに新たな信仰内容にも展開していく事例を提示したい。

　新潟県東蒲原郡阿賀町大牧集落は、阿賀野川沿いに位置する 20 軒ほどの集落であり、ここではショウキサマの行事という藁の大人形を作製する行事がある。この行事は、毎年 3 月 2 日に大牧の集会所にて人びとが持ち寄った藁で大きな人形を作成し、それを集落

の上<ruby>上<rt>カミ</rt></ruby>にある鍾馗神社に納め、一年の魔除けとするものである。加えて、腕なら腕、頭なら頭と、自分の治してほしい箇所を書いた藁束を人形に入れてもらうことで、病治しがなされると信じられており、かつては多くの藁束を持参した人びとが参拝したものという。

　このショウキサマの行事は、昭和55（1980）年まで集落のカミにあたる４軒のイエが持ち回りで当番を務めていた。この４軒以外の集落の人びとはショウキサマの行事には加わらず、同集落内の百万遍の講集団に属し、３月２日にはこの大人形作製の手伝いとして行事に参加していた。ところが、その後大牧では過疎高齢化が進み、４軒のイエのみではこの行事の継承が難しい状況となってきた。そこで当時の区長の働きかけもあって、昭和55年以降、ショウキサマの行事は特定のイエから集落全体で受けもつ行事となるのである。

　ただしこの移行はけっして容易には進まなかったという。移行を推進していた当時の区長は、「当時は譲るものも受ける側も大変抵抗がありました。私たちはこの時程、永年の歴史の重みを感じた事はありません」と述べている（津川町大牧地区鍾馗保存会［1996：41]）。つまり集落を一つにするとともに、それまでの祭祀集団を納得させる必要があったのである。

　推進側はまず鍾馗保存会を発足させ、鍾馗保存会用の法被も購入し、一見してわかる統一組織を作成する。あわせて製作場所を大牧の集会所へ変更するという大きな変更を行った。加えて藁を柔らかくするための動力・藁打機の導入、御札作成のための印刷機の購入、今までなかった木札を京都より取り寄せ、お土産としてのお姿入りテレホンカードや手拭いの準備、鍾馗のお姿が入った御神酒の作成等、集落ならではの多くの新しい試みを取り入れていく。さらに、

この移行を機として藁のショウキサマを納める御堂の建立も行ったのである。

このように、行事を執行する集団の移行は、御堂の建立などこれまでの施設の充実に加え、外からの参拝者を意識した土産物等の作成など、新たな行事の拡充も認められるものとなった。裏返していえば、特定のイエから集落へという祭祀集団の移行は、その祭祀内容もまた集落の規模にあわせ拡充することで初めて、「譲るものも受ける側」双方の納得がなされたと考えられよう。

御堂の奉納物 この再編の変化は、御堂内の奉納物からも認められる。ショウキサマの御堂には旗や額、千羽鶴などの参拝者が持参した多くの奉納物があるが、圧倒的に多いのは旗である。これは奉納すると病気が平癒するといういわれをもつもので、ショウキサマが病治しのカミであることを想起すれば、旗の多い理由もうなずけよう。この旗は集落の外からの奉納者によるものが多く白いサラシで作られている。そこには参拝年月日・参拝者名・住所・年齢・祈願内容などが記載されている（石本［2017］）。

旗が納められている御堂は建て替えを経験しているので、調査時の平成13（2001）年では、昭和50（1975）年～平成13年までのものが残っていたが、この旗を参拝年月日に基づき整理すると、昭和期と平成期で大きな差が認められた。すなわち、参拝期日が昭和期までは祭日である3月以外にも認められるが、平成期になると3月に集中するのである。このことは参拝に変化があったことを推測させ、具体的には祈願があって参拝する形から、平成期からは別の参拝法が登場したことを推測させる。

ここで考えられるのが、これまで見てきた集落の祭祀集団への変化である。祭祀規模の拡充をすすめた新たなショウキサマの日は、

もともと薬を納め病気の平癒を祈願する祭日の雰囲気を変えていた。奉納旗の多くが集落外の参拝者であることを踏まえると、土産物のテレホンカードの登場が象徴的であるように、ここにみえるのは、参拝記念とも換言できる参拝の記念化であろう。つまり集落が祭祀主体となって以降、参拝も祈願を主とする参拝から、参拝を記念する行為へと変化を促したと考えられるのである。なお、集落に移行したのが昭和55年で、奉納される旗に変化が認められるのはその10年後あたりと時期にずれが生じているのは、この変化がゆるやかに浸透していったことを考えさせる。実際、御堂内にある「阿賀の郷テレホンカード友の会」による幕の奉納は昭和63（1988）年の記載が認められる。

　こうした集落外よりもたらされた祭祀の変化は、集落内の参拝者へも変化を促すこととなる。集落内で複数回奉納旗を納めている人がいる。この人は昭和59（1984）年に初めて奉納した時は、自身の病気の治癒祈願であったという。ところが身体が健康に戻った後も毎年、祭日に納める行為を続けるのである。ここには、それまであった祈願を目的とした奉納ではなく、自身が今年も変わらず参拝できたという、記念に近い参拝法が現れているように感じられる。

　このように行事を担う集団の変化は、行事のあり方を変え、それに伴って参拝者も変わり、さらに参拝のあり方自体へも変化を導くものであった。それは、講集団が集落内のせめぎ合いも含めながら存続が行われ、その結果、信仰内容自体をも変容させながら、講の活動が行われていることが理解できよう。

講集団の存続　本章では講集団の存続という観点から、講集団が結ばれた以後の講集団の変遷について、在地講と代参講、それぞれに目配りしながら、講の存続という、講が結ばれ

たそれ以後への着眼の有効性を示してきたものである。

　その存続の観点からは、講に当時の社会状況が何を期待し、また集団がそれにこたえるためにどのように働きかけを行っていくのか、連続した講の動きを把握できる。

　そして、講集団の存続に向けた細かな把握は、地域にあわせていく講集団と、あわせて地域を変えていく講集団の往還というべき、地域へ介在していく講集団のあり方の理解を可能にするものと考えられるのである。

●引用・参考文献

石本敏也（2012）「百万遍行事の継承─三地区の合併─」由谷裕哉編著『郷土再考─新たな郷土研究を目指して─』　角川学芸出版

石本敏也（2017）「藁の大人形祭祀における記念行為と祭祀の変遷─新潟県東蒲原郡阿賀町大牧のショウキサマの奉納物─」由谷裕哉編『郷土の記憶・モニュメント』　岩田書院

小林奈央子（2020）「在地の人びとをつなぐ代参講─尾州鷹羽講を事例に─」長谷部八朗編著『「講」研究の可能性Ⅳ』　慶友社

狛江市史編集専門委員会（2017）『岩戸の民俗』新狛江市史民俗調査報告書3　狛江市

狛江市史編集専門委員会（2018）『小足立の民俗』新狛江市史民俗調査報告書4　狛江市

狛江市史編集専門委員会（2020）『和泉の民俗』新狛江市史民俗調査報告書6　狛江市

桜井徳太郎（1962）『講集団成立過程の研究』　吉川弘文館

津川町大牧地区鍾馗保存会（1996）「稲わらの芸術、後世に伝えたい」新潟日報社広告局編集・監修『地域を磨く人を磨く』　新潟二十一世紀への委員会

牧野眞一（2013）「関東の稲荷講と祭祀集団─その形態と変容─」長谷部八朗編著『「講」研究の可能性』　慶友社

八木橋伸浩（1990）「講集団の変容」成城大学民俗学研究所編『昭和期山村の民俗変化』　名著出版

第2部

「講」の宗教史

第1章

布教を支える集団

（高山秀嗣）

布教活動における講の重要性　本章で取り上げていくのは、「布教を支える集団」としての講である。講は多くの宗教集団の基盤となり、発展要因にもなった宗教にとって不可欠の要素である。講は、各教団の基礎を形作る機能を果たしてきた。時代や世代を越えて継承される信者層やメンバー獲得の核となった集団が講である。講について桜井徳太郎は、「日本の地域社会には、講と称する多様な社会集団が形づくられていて、活発な機能を展開している」とする（桜井［1976：97]）。

　講が宗教の布教活動を支えて続けてきた様相について、宗教史の観点からアプローチしてみよう。講について宗教史的に考えていく場合、講が人のつながりや連帯を形成する上でどのように活用されてきたかに注目することが重要となる。

　世界宗教の1つである仏教は、布教を通して世界各地に教線を広げてきた。僧伽は、仏教が誕生した当初の僧侶（出家者）を中心とした集団である。一般人の参加や流入に伴い、仏教を活性化させる核となった。のちに僧伽は派生して教団の形態を取るが、現在の講は初期の僧伽に類似する存在であったとも考えられる。

　6世紀に日本に仏教が伝来して以来、日本仏教においても講がさまざまな形態で広がりを見せる。講会のような学問の場や庶民を集めた儀礼や行事の場としても講は存在していた。日本宗教史上にお

ける講の重要性については、多くの指摘がなされている。講は、日本宗教史において存在感を常に示し続けてきた。

　本章は、日本宗教史上の講の機能について考えていく。とくに、講によって発展した伝統仏教教団である浄土真宗と近代以降に登場した新宗教教団の事例に焦点を当て、宗教教団にとって講が不可欠であり、布教の 要 であり続けた事実を明らかにしてみたい。

| 日本仏教を
支 え る 講 | 講を考えるに際し、日本仏教における代表的な講について紹介しておきたい。有名な講としては、祖師 |

に関する大師講や報恩講があり、各地には念仏講や題目講が地域社会と結びついて存続してきた。たとえば、大師講は空海に対する信仰を基盤としており、後に詳述する報恩講は親鸞の祥月命日にもとづく法要である。仏教各宗は講を基軸としながら教団を発展させ、社会に根づいていった。講は多面的な集団であり、宗教的にはある種の共同体として存在し、信徒間の連帯機能を果たすとともに、教団の布教を支える集団でもあったといえる。

　日本仏教における講の歴史について上川通夫は、「10世紀に寺院大衆が成立した。僧伽は、自発的に寺院に入った大衆の自治精神として再生した。僧伽は自律性をもつ自治集団の組織原理であった。たとえば、集団での討議と議決に、僧伽または和合という理念が機能した。寺社勢力の絶頂期たる12世紀前半から中頃にかけて、大衆の僧伽は庶民の自立性への志向（講・座・膰次）に理念を与えた」ことを指摘する（上川［2012：8］）。僧伽をベースとしつつ、日本的な講へと展開したのである。

　講の機能については、柳川啓一も言及している。「〈講〉は、俗人指導者、もしくは半僧半俗の者が主体となってつくられるもので、新しい宗教運動の興隆期には、そのエネルギーの中核となる。中世

末期の、真宗の報恩講、日蓮宗の法華講が村や町や都市に形成され、飛躍的に教縁が発達した」（柳川 [1980：248]）。

　現在の研究史では、長谷部八朗の次の指摘が重要である。「桜井（徳太郎）をはじめとする諸先学の講研究で十分に掬い切れなかった側面を照射する」ための、「『地縁性』よりもむしろ『同信性』を軸に構成された講、新宗教教団の成立基盤となった講」に対する宗教史的な注目が必要だという指摘である（長谷部 [2013：11]）。日本宗教史における講の歴史的な系譜のうえに、伝統仏教の講やそれに影響を受けた新宗教教団の講も存在している。

浄土真宗の発展と講の活用　　浄土真宗は、講によって発展した教団である。浄土真宗を対象として、講の歴史と特色について概観しておこう。講の機能としては、「1つの念仏衆の団体であり、互いに信体験を語りかつ深化せしめて行く信仰の場として出発した」とする今西収の見方が現在も有効である（今西 [1968：12]）。教団全体として、講のもとに宗主（門主）や本願寺（本山）に直結するシステムが有効に機能しており、講を通して信者の獲得や再生産が行われるのが、当初からの教団のあり方であった。

　浄土真宗の開祖（宗祖）である親鸞（1173-1262 [1263]）の生きた13世紀から、中興の祖とされる15世紀の蓮如（1415-99）に至るまでの浄土真宗の講は、次のような展開をみせる。講は親鸞の時期に登場し、時代を経るごとに成長・発展していった。浄土真宗の講の源流は親鸞の時期に存在し、親鸞自身の門弟たちとのかかわり方が、彼以降の教団内における講のあり方の基本路線となっていく。とくに親鸞が60歳をすぎて京都に戻った後に、関東の門弟集団に対して書き送られた親鸞からの「消息（手紙）」が、門弟集団において多大な意味を有し、信仰の紐帯としても機能していった。教義

の核を形成するための学習用テキストとしても、親鸞の消息は活用されていった。「消息」は、後代の宗主にとっても各地に点在する講とのつながりにおいてかけがえのないものとなる。

親鸞自身が、講に集う門弟らを「同朋同行（どうぼうどうぎょう）」と呼び、対等な立場で遇したこともよく知られている。さらに、妻帯していた親鸞の生き方は「在家仏教」と称され、日常生活を送るなかで教えの実践に取り組むことが可能とされた。浄土真宗は、さまざまな階層の人たちに対して開かれた教えでもあった。

蓮如は親鸞を承けつつ同信性を軸に、積極的な布教活動を通して多くの信者を獲得し、教団組織を確固たるものにしていった。蓮如の布教活動を、中世的な集団として社会にみえるかたちで具現化したのが講であったといえる。蓮如は講を核としながら、村落共同体の隅々にまで組織の網を張りめぐらせていった。蓮如期の講は、本願寺が進出した地域各地に効果的に設置されたものであった。浄土真宗の教団発展に際して、大きな役割を果たしたのが講である。

講は本願寺の教線が日本各地に広く進展することに伴って、急激な増加をとげていく。教えを引き継ぐ世代間の信仰継承も、講を通して行われた。さらに講は、従来の政治の支配下を離れた信仰共同体として機能しており、カバーする範囲も旧来の政治的な区画から独立したものもあった。講は広域にわたっていたため、講員が本願寺教団に所属する場合、講の内部ではある程度の自由な交流が許容されていたとみられる。講の内部でも、蓮如が説いた一切衆生（いっさいしゅじょう）の救いを説く教えにもとづく平等性が貫徹されていたために、当時の自立精神をもち始めた民衆には、得がたい先進的な会合の場として映っていた。講は、信仰にもとづき、布教を支えた宗教的な集団であった。

蓮如期以降の講は、時代に合わせて変遷した点もあるものの源流は親鸞にあり、蓮如の時期の発展を大きな画期とするものであった。浄土真宗の講を、「寄合談合」という場合もある。「これは親鸞が関東で実施された方法であるが、実際にこれを指示し結成のための指導を行ったのは蓮如の頃と思われる。結成された講には名称が付せられ、手次寺と手次坊主とがあり、手次坊主は主として宗主の消息を読み、その意の伝達徹底をめざして布教し、手次寺は講を中心に、本願寺への懇志上納の斡旋をしていた。門徒は定期的に講を開き、信仰問題を語りあうとともに、結婚・葬忌をはじめ各種行事の助け合いを計った。いわば、信仰を中心とした隣組で、これを講中と呼ぶところもある。北越や中部、近畿地方その他では、手次寺を越えた大きな組織となったものがある」（朝枝 [1973：110]）。講自体がもつこうした種々の独立性も着目すべき課題である。

　浄土真宗において、講は教団機構が整備されるとともに伸展し、各地で教団形成の核となり、布教活動を支えていく。同信性を軸に構成された講は地縁性を越えて機能するものであり、移動が困難であった中世においても幅広い階層に対してアピールするものであった。浄土真宗本願寺派（以下、本願寺派）の現在の組織を見ると、教団は全国を地方組織である教区に分け、教区の下には組があり、組に一般寺院が所属するという形態をとる。それぞれの一般寺院には、門徒（檀家）が所属している。講には、教団主導のものや門徒主体のものなど多様なバリエーションの事例もある。

　「浄土真宗の教団活動の中心は布教であり、伝道である」（布教研究所 [1961：2]）とされる。浄土真宗において布教（伝道）は中心であり、基軸となる活動である。布教を支え続けてきたのが講である。「江戸時代には全国各地に多様な講が組織され、教化において重要

な役割を果たすとともに、多くの懇志を拠出して本山やその他の寺院を護持した。僧俗の区別なく互いに同行として運営される点に特色がある」（『浄土真宗辞典』[2013：181]）。

伝統仏教では浄土真宗が典型的であるものの、講を重視する教団

写真 2-1-1　西本願寺法要

もある。日蓮宗では、日蓮（1222-82）滅後頃から「門家によっては全門徒を僧徒と講衆に分け、講衆は諸所に結成された講の構成員をさし、これらを一結衆と称した」とされる（立正大学[1964：123]）。長谷部八朗も、明治期に入るまでの「近世幕藩体制下の民衆社会において、神道・仏教・修験道などの系統を引いた諸講社が活発な活動を繰り広げ、わけても仏教系では"題目講"と称される日蓮系のそれが、浄土系の"念仏講"とともに既に際立った存在だったという事実がある」と指摘している（長谷部[2003：69]）。

宗祖である親鸞や日蓮への敬慕が、教団内の後継者において、宗祖らが重視した講の命脈を受け継いだと考えられる。浄土真宗では、親鸞の報恩講である宗祖忌が祖師信仰とも相まって、門徒の統合的機能を果たしていたとされる（小野[1994：342-347]）。伝統仏教では、講に立脚する法要が最大級の行事として本山などで実施され、教団内の精神的連帯や結束を強化する機能をもっていたのである（桜井[1976：109]）。

現在の浄土真宗においては、教団主導型の講としての報恩講が本山や各寺院で、年間最大の行事として開催されている。教団主導型の講は、本山や教団からの発信を受容する場としても機能している。

門徒主体型の講としては、全国各地の講が命脈を保持し続けているものも、近代以前の勢いが沈静化してきたように感じるとする地方寺院住職の見方もある。

　講活動を機能面から分類しておくならば、教団主導型においては信仰の活性化、門徒主体型では信仰の再確認が図られているともいえる。両面からの講のあり方が、双方向的に教団全体を支えているのである。森岡清美も、「真宗地帯にみる教団の強靭なバイタリティは、本末関係すなわち寺門徒団単位の本山への帰投に因るものであるが、このタテ線を地域門徒団のヨコ線が補強し、タテ・ヨコあいまって門徒大衆の本山への揺るぎない帰属が実現しえた」と講がもつ機能について述べている（森岡［1988：3-4］）。

　浄土真宗の講は、現在も活発である。近代以降に登場した概念である講社と称される場合もあり、本願寺派では講社を「浄土真宗の教義にもとづき、愛山護法の精神で本山の護持発展に努めるとともに、時代に即応した活動を展開し、教法の弘通に資する団体をいう」と定義している（「講社について」『本願寺手帳』本願寺出版社［2019：50］。『浄土真宗辞典』［2013：181］）。講社の分布が西日本中心であるのは、現在の本願寺派の教線が広がっている地域に立脚しているためであろう。本願寺派の機関誌『本願寺新報』3293（2018年2月1日号）には、「物心両面で本山支える講社」と題して、全国各地にある135におよぶ講社の一覧が掲載されている。講によって本山との結びつきが強化され、信仰の活性化や再確認が行われている。講に集う信徒同士の絆や連帯の形成が、今なお全国各地で息づいていることが現象面からも明らかである。

新宗教の成立と講の関係について　新宗教の成立と講の関係について検討していく。講には長い歴史があり、日本宗教史の展

開は講の存在とともにあった。前代までの宗教的資源を十全に援用しつつ教線の発展につなげてきた新宗教においても、講は不可欠のものであった。

　歴史的にみれば、近代以降に発展する新宗教も講の影響下にあり、講あるいは「講的な会合や結びつき」（これらも本章では講と称す）によって教団の発展につなげている。本項では、新宗教運動の成立および発展期に講がどのような役割を果たしたかに着目し、教線の伸展を確実に後援した存在として新宗教教団における講についてみていく。この項は、『［縮刷版］新宗教事典 本文篇』（以下、井上[1994]）をはじめとした先行文献の記述にもとづきつつ概要をおさえておく。

　新宗教の成立過程には、伝統仏教からの影響が顕著にみられる。新宗教の講や布教方法には、宗教教団が行ってきた従来の方法が多面に援用されている。講は、近代以降も活性化しており、伝統教団ばかりでなく、新宗教教団においても布教を支えていった。「新宗教はまた、民俗宗教や仏教各宗派、さらに神社神道など、それ以前の日本の宗教的伝統との深い係わりの中で、成立・展開している。それは、とくに教えや儀礼においてはっきりと現れている」とされる（井上[1994：「はしがき」Ⅴ]）。

　講もまた前代からの直接的な影響であり、浄土真宗などの伝統仏教の講を先駆けとするものであった。「仏教系の新宗教の先駆ともいうべき現在の本門仏立宗は、御講を基盤としている……また、創価学会の座談会、立正佼成会の法座は、その教勢発展の原動力をなしているが、これらも御講の系譜と考えてよいものである」との見方がある（松野[1976：163-164]）。

　伝統仏教の影響下に、講と深くかかわる新宗教が次々と成立して

いく。その背景には、「時代が大きく転換しようとしていた安政4年（1857）日蓮教団の内部から新しい在家運動が始められた。長松清風（1817-90）の（本門）仏立講がそれであった。近世も末期にいたると……在家講が結ばれていった。清風の仏立講もそれらのうちの1つで、かつ近代社会における日蓮主義在家仏教運動の先駆的なものであった」とする日蓮宗系統の新宗教もあった（立正大学[1961：260-261]）。その背景には、「日蓮宗の在家講の流れがある。江戸時代の仏教宗派の中で、宗派の教義に則しつつ俗人信徒の参加による活発な信仰活動が行われたのは、浄土真宗と日蓮宗である。このうち日蓮宗の在家信仰は近代になって新宗教という形に発展し、本門仏立講、霊友会、創価学会という3つの大きな運動が……形成された」ということがあった（井上[1994：11]）。

創価学会は昭和5（1930）年に設立され、最初は日蓮正宗の在家講であった。立正佼成会は、昭和13（1938）年に霊友会から分派している。この2つの教団は、規模としても教勢の急速な拡大からしても、新宗教の代表的な存在であるとみられている。両教団が大きな教団となった背景には、講がある。新宗教における「宗教実践の内容としては、儀礼的実践、教化的実践、参与的実践など各々が信念体系受容、強化の契機になる……参与的実践の内容は、本部、聖地や支部での行事への参加や、法座、座談会のような小集団での集まりへの参加などである。なかでも信者が生活上で出あうさまざまな問題を遠慮なく出しあい、その解決を皆で親身になって話しあう小集団での集会は、身近な体験や問題を通して教えを学び、身につける重要な場であ」った（井上[1994：107]）。

新宗教運動のなかでも一般信徒の関与する割合が高いのが、小集会（小規模の集会）である。集会活動は、教団によっては中心的な活

動であると位置づけられている。教団の布教を支えた事例として、教団創設順に創価学会の「座談会」と立正佼成会の「法座」を取り上げる。

　創価学会の「座談会」は、どのような特色を有していたのか。「座談会は創価学会の諸活動の中でも機軸となり、一切の活動の源泉となっている会合である。ここが仏法修行の根本道場とされている……（創立）当時からすでに、この座談会が会員相互の仏法研鑽の場、未入会者との仏法対話の場として重視されてきた……宗教行事としては、男女青年が多数参加し、活躍しているのが、この会合の特色である」（松野［1976：198-199］）とされる。

　座談会は学習会の面ももつが、詳細に検討すると前代までの講との類似性が顕著である。座談会は創価学会における講的組織である。創価学会はもともとが講的な教団であったとされるが、座談会は組織としては班または組を単位として構成されている。「創価学会では布教活動を折伏・弘教とか広宣流布という……折伏は主に小集団の『座談会』という形で実施される」（井上［1994：317］）とされるように布教を折伏と称し、座談会が布教を支える集団として機能したのである。創価学会は、のちに日蓮正宗から離脱することとなる。

　立正佼成会の「法座」の特徴は、どこにあるのか。立正佼成会の法座は、「導き」・「手取り」・「法座」と布教活動の一角を占め、なかでも中心的な活動となってきた。「法座は、『法を中心とした語り合いの場』とされている。数人から10数人が車座になり、参加者の相談事に他の参加者は、教えや自分の信仰体験に則して、その解決方法を学びあうというものである。法座は、同会の教化活動の中心に位置づけられ、手取り・導きと有機的な相乗効果を発揮する」とされ（井上［1994：320］）、立正佼成会の布教を支え続けてきた。

「法華経を根本とする在家信者の集まりであるという点が、同教団（立正佼成会）の特徴となっている。と同時に、『法座』と呼ばれる独特の修行でも知られる。法座とは、信者同士が数人から10数人で車座になり、日常的な悩み事や、信仰上の疑問や困難を語り合い、その解決法を見出していく活動である。法座は、先輩信者が後輩への指導にあたる場となっていると同時に、信者同士の横のつながりを強め、集団としての凝集性を高める機能を備えるものといえる」とする理解もある（井上 [2005：536]）。

　新宗教の講は、日本宗教史上においてどのような存在であったのか。本来「宗教組織は教祖などと、その帰依者による弟子サークル的講組織から始まり、やがて布教によって局地的組織から地域的な拡がりを始め」たものである（小野 [1994：781]）。「新宗教は救済が身近で、容易に得られるという確証、だれにでも開かれていることに特質がある。それを端的に表現しているものが『在家主義』である……（新宗教の）信念体系を受容させる装置として小集団活動がある。立正佼成会の『法座』であり、創価学会の『座談会』などである……こうした小集団活動は形態の違いはあるが、新宗教の多くの教団で行われている。それは信者にとって、苦悩を緩和する場ともなっている」とする見方もある（小野 [1994：786-787]）。

　近代以降に伸展した新宗教教団や新宗教運動は、講に代表されるような歴史的な宗教伝統を継承し、依拠しつつ成果をあげている。講が有する精神性や同信性については、伝統仏教の講の方が優位性を保っているといえる。宗教における布教の論理が、歴史を超えて普遍的に通用するものであることを、講の重視はよく示している。

| 宗教共同体
としての講 | 日本宗教史において講は注目すべき存在であり、時代を越えて受け継がれてきた。仏教ばかりでなく、 |

キリスト教の教会についても大濱徹也は、「キリスト教会というかたちの中にある、そういう講・組的な結衆の姿というものこそ、日本の母文化が持っていた抗体が作用したもの」であると述べている（大濱［1990：121］）。

　歴史的にふりかえってみても、中世以降においては浄土真宗をはじめとした鎌倉仏教が講の新たな価値を再発見し、近代以降は新宗教教団がその流れを受け継いでいる。鎌倉仏教諸派は、伝統宗教となった現在も講を大切にしている。新宗教も、講的な集いが教団創設時からの重要な構成要素の一つとなっている。前代の基盤を継承しつつ、時代に応じた新たな要素をそれぞれの教団が付加しながら、共同創造の理念にもとづいて講は今も展開し続けている。

　伝統仏教、とくに講を重視し続けてきた浄土真宗における講の位置づけ、さらに新宗教教団による講の近代的援用の事例を紹介してきた。浄土真宗では歴史的および布教活動の面から講が不可欠であり、講によって教団の伸展がとげられている。浄土真宗の講は、単なる地縁や血縁をこえた精神性や同信性においてもつながりの機能を有効に果たしてきた。近代的な宗教教団であった新宗教は、従来の宗教伝統から多大な影響を受け、講を会員同士の交流や信仰の確認へとつなげてきた。当初は講が成立基盤となり、教団活動の活性化にもつながっていった流れがある。伝統仏教および新宗教の両者ともに、教団の発展に際して講が果たしてきた機能や役割の大きさについての再確認作業や検証が今後も必要である。

　講から派生して発展し、講に収斂していくあり方は日本宗教の特徴でもある。親鸞が体現した「在家仏教」は、新宗教運動の「在家主義」に先行する日本宗教史上の画期的な事象である。社会のなかにおいて宗教を実践する同信性をもった集団が講である。現世のな

かにありつつも世俗を超越するという宗教的集団が、浄土真宗本来の講であった。講は僧俗を問わない面を有しているため、信者である一般人が能動的に参加することができ、自らが活動の主体となることも可能な集団である。講への積極的な関与によって、信仰主体としての個人の形成が、日々の講活動を通じて歴史的に行われてきたのである。先に浄土真宗の講の一つの形態を門徒型の講として設定したが、それを継承した新宗教の講を信者型の講とみれば、信徒主導という共通性を見出すこともできるであろう。

　浄土真宗の宗教史的な先見性は、布教や伝道の面からも明らかである。浄土真宗は「伝道教団」と称され、新宗教に対して先駆的な存在であった。浄土真宗は、伝統仏教のなかでも海外布教にとくに熱心な教団である。例をあげれば、海外諸寺院で夏季に開催される盆踊りは「ボンダンス」の名称で親しまれており、世代を問わず、家族連れのメンバーなどを集め、毎回多くの参加者でにぎわっている。海外の「ボンダンス」もまた、仏教的な講の現代的およびグローバル化した形態とみることも可能かもしれない。

　現代は、人と人の連帯や絆の再構成および再構築が社会から求められている時代でもある。同時にこれは、宗教のもつ可能性を考える好機でもある。宗教共同体としての共感・協同・共にあることの意義が、従来の結びつきを踏まえつつ、再び見直されるに違いない。

　講のもつ機能である同信性は、厳しい時代状況において講が有する価値にあらためて気づく良い機縁にもなる。講は、新たな局面を迎えている。講の形態は多様である。講のもつ多様性は将来を生き抜くヒントを与えてくれ、多文化や他宗教との共生にもつながり、ひいては教団同士の交流の双方向的な活性化にも開かれる可能性を内包している。

●引用・参考文献

朝枝竜雲（1973）『安芸門徒』 広島文化出版

井上順孝ほか編（1994）『[縮刷版] 新宗教事典 本文篇』 弘文堂

井上順孝ほか編（1996）『新宗教教団・人物事典』 弘文堂

井上順孝編（2005）『現代宗教事典』 弘文堂

今西収（1968）「真宗の『講』についての一私見」『京都女子高等学校・中学校研究紀要』13　1-17頁

大濱徹也（1990）「近代日本とキリスト教」『近代化と宗教ブーム』同朋舎出版　113-178頁

小野泰博ほか編（1994）『[縮刷版] 日本宗教事典』 弘文堂

上川通夫（2012）「12世紀日本仏教の歴史的位置」『歴史評論』746　4-18頁

桜井徳太郎（1976）「講」『信仰伝承』日本民俗学講座3　朝倉書店

桜井徳太郎（1988）『講集団の研究』桜井徳太郎著作集1　吉川弘文館

浄土真宗本願寺派総合研究所編（2013）『浄土真宗辞典』 本願寺出版社

長谷部八朗（2003）「明治期における講社の実態―日蓮宗の場合―」『駒澤大學佛教學部論集』34　駒澤大学　69-114頁

長谷部八朗（2013）「叙文」長谷部八朗編著『「講」研究の可能性』慶友社

布教研究所編（1961）『布教法入門』 百華苑

本願寺史料研究所編（2010）『増補改訂 本願寺史』第1巻　本願寺出版社

松野純孝編（1976）『仏教行事とその思想』 大蔵出版

森岡清美（1988）「真宗教団における地域講の潜在的機能」『桜井徳太郎著作集』第1巻付録　吉川弘文館

柳川啓一（1980）「宗教集団の人間関係」南博編『日本人の人間関係事典』 講談社

立正大学日蓮教学研究所編（1961）『日蓮宗読本』改訂版　平楽寺書店

立正大学日蓮教学研究所編（1964）『日蓮教団全史』上　平楽寺書店

第2章

寺社の活動と代参

（市田雅崇）

参拝する講 　旅行に関する情報はメディアにあふれ、スマホで目的地までの経路を瞬時に検索し、宿泊場所まで予約してしまうことができる。しかし情報も交通も脆弱であった時代、居住地をはなれて移動する旅行はかんたんにできるものではなかった。そこで人びとは講を結成し、仲介する宗教者によるサポートを受け、講の仲間とともに旅行し、遠隔地の寺社・霊山に参拝する目的をかなえた。本章ではこうした講についてみていこう。

　地域社会の外部への信仰を契機に結成される講は、参拝講・参詣講と称される。ではなぜ遠く離れた地への信仰が形成されたのだろうか。桜井徳太郎は講を宗教的・社会的・経済的なものに大別し、このうち宗教的な講を、

　①地域社会内で古くから結成されてきたもの

　②地域社会の神社の氏子集団が結成したもの

　③外来の信仰に対する関心から結成されたもの

の3つに区分した。さらに③に類別される講を以下の3つに分けている（桜井 [1976]）。

　③-1　共同体外部への参拝によって勧請してきた信仰にもとづくもの

　③-2　既成の宗教教団の支部組織にあたるもの

　③-3　観音・地蔵・庚申といった外部由来の信仰が定着する過程

で結成されていったもの

　本章でとりあげるのは③-1にあたる。共同体の成員もしくは共同体の外から訪れた宗教者によって外部からもたらされた信仰が契機となって結成され、その信仰の聖地ともいうべき場所に赴くために維持・継続してきたものである。とはいえ他の章で紹介されているように、講は日常の生活にかかわっていて、そのあり方は多様であり、入り組んでいる。このため講の類型や区別はどこに視点を置くかによって変わってくる。上記の桜井の分類は共同体内部の活動に主眼が置かれているが、共同体外部との観点からみた場合、上記の外来信仰を起因とする３つの類型できれいに区分することはむずかしい。そこで本章では参拝という共同体外部での活動や御師の動きも交えながら、参拝する側（講）と迎え入れる側（宗教者）という双方の視点から見ていくことにしたい。

参拝講のかたち　　近世半ばになると、各地の有名な寺社や霊験あらたかとされる山に対しても信仰は向けられ、その地への参拝を目的として講が結成された。こうした背景には、各地の街道や宿場が整備されて旅をする環境が整い、また一般の人びとにも旅に出て消費する余裕も生まれてきたことがあげられる。一方で寺社・霊山の御師と呼ばれる宗教者たちは、参拝を促す活動を各地で展開していった。

　参拝を目的として結成された講の事例は全国にみられる。それらは目的地を冠して○○講と称され、富士山への参拝を目的とする講は富士講、伊勢参宮を目的とする講は伊勢講、このほか御嶽講（木曽御嶽山）、出羽三山講・奥州講（出羽三山）、大峯講（大峰山）など、全国各地に分布している。また地域的な信仰を基軸とした参拝講も見られ、たとえば関東地方には大山講（相模大山）、成田講（成田山）、

三峯講（三峰山）など、徒歩行程数日で参拝できる近場の寺社・霊山に対しても講が結成された。

　参拝講は聖地のみをめざすのではなく、道中寄り道をしながら他の寺社・霊山や名所旧跡に立ち寄ったり、街道沿いの食事や菓子などの名物を楽しんだりもした。たとえば伊勢参宮を目的としながらも、その旅の過程で熊野、京都、大坂、金毘羅などもあわせてめぐった。関東近郊では、相模大山への参拝の帰路に江ノ島に、榛名山の帰りに伊香保に立ち寄るといったことも行程に組み込まれていた。近年では参拝に際して書かれた旅日記や道中記などの研究が進み、一般の人びとが信仰を名目としながらも、日常生活を離れて旅を楽しみ、人の移動と交流のなかで隆盛した旅文化が描き出されている。

　霊山への山岳登拝を伴うものは登拝講とも呼ばれる。成人を迎える年齢の者が登拝し、一人前になるための成人儀礼としての役割ももった。共同体を離れて霊山へと赴く過程は通過儀礼として擬死再生の意味が与えられ、道中・登拝におけるさまざまな困難・苦難を終えて帰村すると、一人前の成員として迎え入れられるのである。関東地方で広まった出羽三山に登拝する三山講（奥州講、八日講）は、成人儀礼としての役割をもっている地域も多くみられる。こうした場合には、共同体内の年齢階梯や共同体員としての資格（ムラ入り）とかかわる意味ももっており、信仰的のみならず社会的な機能もあわせもっていることがわかる。

　　| 参拝講のしくみ |　　参拝講は、講員のなかから講元・先達・世話人といった役にあたる人を選び、運営していった。講として集団で寺社や霊山へ拝でる大きな理由には、道中の安全と旅にかかる費用がある。講元・先達・世話人は参拝の経験を重ねた

ものがなり、御師との窓口役にあたり、講の参拝を先導した。費用は定期的に開かれる講の集まりなどで積み立てられ、参拝にかかる路銀にあてられた。

　参拝は、講員全員で行くものと、選ばれたものが行くものとに分けられる。前者は総参りとも呼ばれ、目的地が近距離の場合に多くみられた。後者は代参（講）とも呼ばれ、目的地までの旅が遠く日数も要する場合にみられた。代参にあたる講員は輪番やくじ引きなど、講による慣習に従って選ばれた。

　総参りであれ代参であれ、講として目的地に着くと、講と師檀関係にある御師の宿坊に宿泊する。そこでご馳走や神楽などの饗宴を受け、さらに御師に導かれて聖地に足を踏み入れるのである。代参の場合では、代参者がムラに帰ると、他の講員は出迎えて饗応する習慣が見受けられる。これはサカムカエとも称される。こうした場で代参者は他の講員に御師から拝受した神札や護符や旅の土産物を配り、すべての講員で利益を享受するのである。神札や護符は効力に応じて家屋のしかるべき場所に貼られたり、枝にはさんで田の畔などに差された。

　御師 　講の人たちが参拝に訪れる寺社や霊山には、御師と呼ばれる宗教的職能者が存在する。彼らは寺社・霊山の周辺に宿坊を構え、参拝に訪れた講の人たちに宿泊の便宜を図ってきた。御師は宿坊で講員に対して祈禱や神楽を行い、それを介して講員は神仏の領域に足を踏み入れることを許された。この御師の存在無くして講による参拝は成立しなかったのである。

　参拝講の結成は御師によるところが大きい。御師は各地を廻りながら人びとに神札や護符を配り、自分たちの寺社・霊山の功徳・利益をわかりやすく説いて信仰を広めた。さらに自らの寺社・霊山へ

の参拝に導くための講の結成を促し、御師と講との師檀関係を結んでいった。御師が廻る地域は、その御師が独占的に活動できる地域であり、檀那場や霞と呼ばれた。檀那場は御師代々世襲で受け継がれ、ほかの御師が所有する檀那場で活動することはできなかった。

　講の参拝の仲立ちをする一方で、参拝者が訪れなくなる閑散期に師檀関係のある講を廻ることも重要な活動である。御師は自らの檀那場の、長い付き合いのある講を訪れて神札や護符を配札し、祈禱を行うなどして、講員から初穂などを収めていた。檀那場を多く所有する御師は、手代やほかの御師などの代理者によってその任にあたらせていた場合もある。

　こうして地域社会の講と御師との間に強いつながりが形成され、御師との関係は講が継続するかぎり変わらず、講員は代々同じの御師の宿坊の世話になった。講は御師にとって宿坊の大切なお客様であり、檀那帳に記録された。檀那場と講は資産的な価値をもち、質入れや売買の対象ともなった。

| 榛 名 講 |

ここでは参拝講の代参の事例として榛名講を、総参りの事例として伊勢講を、それぞれ埼玉県下の事例からみていきたい。

　榛名山は群馬県の中央に位置し、赤城山、妙義山とともに上毛三山として親しまれ、榛名富士とも称される。御姿岩と呼ばれる巨岩が神体とされ、龍神信仰が伝えられる榛名湖には雨乞いの信仰も生まれた。古くから修験の行場とされ山岳信仰が盛んであったが、近世の半ばごろから雨乞い祈願の信仰が関東一円に広まっていった。日照りが続くと祈雨を求めて、榛名湖の水を竹筒におさめて持ち帰り、畑にその水をまいたという。そのご利益は嵐除け、雷除け、雹除け、虫除け、雨乞いといった農作物にかかわっており、蚕神とさ

れている地域もある。こうした作神としての信仰の拡大に伴って榛名講が関東周辺に結成され、祈願とご利益を求めて講による代参が行われた。

信仰圏の拡大には御師の活動があったことはいうまでもない。江戸時代末には78軒の御師がおり、各地の榛名講からの代参者を迎えていた。一方で御師は、秋から春までの農閑期に各地の榛名講を廻り、代参の日程をとり決めて、迎えていた。実際には檀那場をあまり持っていない御師を雇い、配札廻りをまかせていた。しかし第二次世界大戦後には21軒までに激減し、御師の村回りや代参もほとんど途絶えた（群馬県教育委員会［1976：191-192］、埼玉県［1986：111］）。

埼玉県下の榛名講の代参は2月から5月上旬にかけて、農作業が始まる前に行われた。積み立てた講金から4～6人を選び、代参者は代参料として札料、坊入（宿泊料）を納めた。宿坊では酒や料理がふるまわれ、また帰路伊香保に立ち寄ることも多く、日常生活から解放される意味合いもあった。代参した者が戻ると、日待ち（下山日待ち、帰り日待ち、お日待ち、食い日待ちなどとも呼ばれた）をして迎えた。この場でお札が配られ、参拝に伴う講費などを集めた。お札は集落の境界や耕作地に立てられ、作神としての榛名山の利益にあずかろうとした（埼玉県［1988：628］）。では次に、越谷市と上尾市の榛名講から代参の様子について具体的にみていこう。

越谷市では榛名講以外にも、木曽御嶽講、富士講、成田講、古峰講、三峯講、大山講、戸隠講といったさまざまな参拝講が盛んであった。大山講では15～16歳で相模大山へ登拝し、初山とも称され、成人儀礼としての意味ももっていた。戦前は徴兵検査前に登拝する慣わしにもなっていた。また現在でも本庄市で行われる普寛

霊場大祭には埼玉県内各地から木曽御嶽講が集まるが、越谷市の御嶽講の姿もみられる。榛名講もかつては盛んに行われており、多くの事例が報告されている。越谷市北川崎では、3月15日頃、くじ引きで選ばれた4人が榛名山に代参し、ツツガイ（榛名山神社で小正月に行われる筒粥神事の札）をもらい受けた。札は講員に配布され、割った竹に差して田に立てた。越谷市大道では前述のようなさまざまな講のなかでも榛名講が最も古いという。講は約50人から成り世襲の世話人が4人いた。苗を作る前の3月、くじ引きで選ばれた5人が代参し、帰りには伊香保にも足を運んだ。ここでは雹よけの神様として信仰されており、代参でもらい受けた札は講員に配られ、各講員の苗代に立てた。代参者が帰村した際には、ゴガエシコ（越谷市大林）、ゴガイシコウ（越谷市花田）と呼ばれる祝宴が設けられ、代参者をもてなし講として榛名山の利益を享受した（越谷市市史編さん室［1970］）。

　上尾市上尾下には榛名講のほか、大山講、御岳講があった。初午の前日に稲荷講があり、そこで榛名への代参者5人を決めた。代参にかかる旅費は代参者による立替で、帰村後の配札の際に均等割りしていた。ここでも伊香保温泉に宿泊することがあったが、その分は代参者の負担となった。代参からの帰村の翌日、代参者が割った竹に札を挟んで、先端に杉の葉を縛り付けて集落の入口に立て、悪病除けと豊作祈願とした。そのほか、札を各家に配布し、その際に均等割りした旅費を集金した。代参者は翌年の代参を決めるとき（翌年の稲荷講の前の晩）までその役にあたり、榛名山代参での行いが1年間の集落の運勢に影響すると信じられていた。上尾下ではくじ引きで代参者を選んでいた。くじを出すのは前年の代参者で、「姉妹」という決め方でその年の代参者を選出した。くじ引きに参加す

る人数よりも1本多いくじを作り、残りくじを設定しておいてその前後の番号のうち少ない数を妹、多い数を姉とし、くじの当選者を代参者とするものであった。たとえば参加者が35人（戸）であれば36本作り、残りくじを7番と決め、姉を3本、妹を2本と設定したとすると、妹は5・6番、姉8・9・10番となり、このくじ番号にあたった5人が代参者となった。この「姉妹」は埼玉県内で榛名講以外の代参にもよく使われていた（群馬県教育委員会[1976：219]）。

伊　勢　講 中世後半から一般の人々の信仰を集めるようになった伊勢は、近世に入ると各地に伊勢講が結成されたり、神明宮が勧請されたりして全国的に広まった。おかげ参りや抜け参りが活況を呈し、一生に一度は参宮をする風潮も生まれた。こうした信仰拡大の背景には伊勢の御師による活動があったことはいうまでもない。伊勢講は費用を積み立てて路銀とし、御師の宿坊に泊まり、祈禱、歓待を受け、御師の斡旋を通して参宮をとげた。

　伊勢講は総参りと代参いずれの例もみられ、参宮の日数を要する地域においては代参のかたちをとることが多い。埼玉県下からの参宮は遠距離となるが、総参りの事例も多く報告されている（埼玉県[1986：91]）。また継続的に講の集まりを開いて活動をする講と、参宮する際に合わせて組織される講とがある（志木市[1985：89]）。

　ここでは埼玉県北東部の利根川流域における伊勢講による明治初期の参宮をみてみよう。埼玉県下において伊勢講と師檀関係にあった御師には岩井田家、三日市大夫、龍大夫などがあげられる。このうち岩井田家の檀那場は猿島郡、西葛飾郡、北埼玉郡、北葛飾郡に広がっていた。岩井田家に残された御師と講との書簡文書から伊勢講による参宮の状況だけではなく、神宮改革以降、旧来の師檀関係

が公的には解消されたのちも慣習によって関係を継続しつつも、時代の波にはあらがえず解消されていく過程をみることができる（市田 [2020]、岩井田家所蔵資料調査チーム [2014]）。御師岩井田家の文書からこの地域の伊勢講についてみていこう。

　この地域では農閑期にあたる例年2月（旧正月明け）に参宮が多く行われていた。明治20（1887）年、上樋遣川村の講元の秋山六右衛門と世話人中から御師岩井田尚行宛てた書簡には、上樋遣川村の伊勢講太々講社総勢40名で2月1日に同村を出立し、初日は日光街道の宿場町杉戸宿（埼玉県北葛飾郡杉戸町）に宿泊したとある。上京した一行は東京で2泊したのち、東海道を西へと進んだ。1日に約8〜9里を歩いて向かうため、到着日が予定しがたく、四日市（三重県四日市市）あたりまでの出迎えを御師に依頼している。この時点で東海道線は名古屋まで開通しておらず、この旅程で行くと伊勢までは、次にあげる上三俣村の伊勢講と同様に2週間ほどを要したと思われる。

　岩井田家の檀那場の場合、御師と檀那場との取次ぎとして手代がいた。手代は檀那場についての状況とりわけ農作物の作況を報告し、また年明けの1月には檀家廻りを行い、各講の参宮を取り計らい、日程、旅館（御師の経営）の宿料、食事、執行される神楽などを取り決めていた。このほかにも参宮の際の荷物の取り扱いやお土産の手配など、講員のさまざまな需要にもこたえていた。手代は講と御師の仲介に立って参宮をサポートするだけではなく、御師に檀那場の状況を随時報告していた。たとえば、上樋遣川村の周辺は明治19（1886）年秋には豊作で、翌20年の1月は雪が多く、道筋は田んぼのようで通行が困難であったと報告している。

　参宮の細かな旅行の日程について、北埼玉郡の上三俣村伊勢講の

道中記（明治 11〔1878〕年）を参照しておこう（加須市史編さん室〔1983：632-642〕）。上三俣村の伊勢講は 2 月 5 日上三俣村を出立し、杉戸、草加を経て上京、7 日馬喰町に宿を求めた。東海道を進み、15 日には秋葉山にもよりつつ、22 日上三俣村伊勢講の御師である三日市太夫のもとに到着した。この旅は参宮だけに止まらず、さらに奈良から大阪に出て各所で寺社や旧跡をめぐり、最終的には四国の金刀比羅にまで足をのばしている（3 月 10 日着）。帰路は中山道を通り、帰村したのは 4 月 3 日であった。途中雨天での足止めもあったものの、2 ヶ月かけて伊勢神宮以外の寺社にも足を運ぶなど物見遊山の要素も多い旅であった。このように参宮とその旅は日数を要しており、旅費も他の参拝講に比べてかなり費やした。伊勢参宮は信仰だけはなく行楽的な要素もあわせもった人生の一大イベントであったことがわかる。

　ところが伊勢講をとりまく状況は変化していったようだ。ふたたび岩井田家の文書に目を移そう。明治 20 年、北埼玉郡琴寄村の講社惣代は「皇大神宮大祓、当今他ノ物品同様売物トナリ実ニ信用薄レ購求スルモノ無之」と書簡で憂えている。この時期すでに伊勢に対する信仰の変化がうかがわれるが、さらに拍車をかけたのは伊勢講の村々をとりまく経済的な状況であった。明治 36（1903）年、北埼玉郡長野村の世話人から岩井田家に宛てた年賀状には「昨年度非常ノ大不作」となってしまい、「農家一般実地懇惨ノ境遇ニ有之候間、本年之義ハ不悪思召願度」と参宮を辞退する旨を伝えている。明治 37（1904）年の樋遣川からは、「五ヶ年ノ不作」となり、伊勢講の永代御祓の初穂料について「物価モ高価ニ相成タル」ため、初穂料を減額すると講元から岩井田家に伝えている。

　全国各地の伊勢講の傾向として、明治半ば以降、交通費・宿泊費

が従来の講の積み立てでは賄いきれなくなり、講による参宮が困難となった。特定の利益に応じた信仰の目的を伴わず、行楽的な要素も強かった伊勢講は各地で衰退していった（宮本［2013：272、280］）。この傾向はここでみてきた伊勢講の事例ともかさなる。旧御師と旧檀那場との関係はその後も昭和初期まで継続していくが、伊勢講の活動は縮小へと向かっていく。

| 信仰を選んで
生きる人たち | 参拝講は狭義にとらえれば寺社・霊山の聖地に赴くために結成された講である。しかし参拝する側 |

（講）と講を迎え入れる側（宗教者）の２つの視点からみてみると、双方の目的や思惑のもとにそれぞれ活動が行われていたことがわかる。

　参拝する側（講）は日々の生活に応じて神仏に祈願する。それぞれの目的に応じた信仰があり、講が結成され、さまざまな講が地域社会のなかで共存している。そのなかから目的に応じて居住地を離れて参拝することにより、利益に迫ろうとする。ある程度ゆとりが生まれれば遠方の聖地に赴くようになり、物見遊山を交えた旅となった。しかしとりまく環境や社会状況が変化すると、それに応じて講を選び変えたり、あらたに講を結んで目的をかなえようとしてきた。人びとが主体的に信仰を選択し、状況にあうかたちに講を変えながら信仰を実践していったのである。

　講を迎え入れる側（宗教者）は自らの奉じる寺社・霊山の信仰を広めるため各地で講を結成し、御師を仲介として参拝を成り立たせるシステムをつくりあげた。こちらも社会状況に応じて参拝のシステムを変えたり講を再組織化し、継続を試みた。本章では触れられなかったが、多くの寺院や神社では明治初期の宗教制度の改革により、地域社会の信仰を維持できなくなり、従来の講を寺社附属の崇

敬講社や敬神会というようなかたちに組織を変えていった。とりわけ伊勢に関しては明治の神宮改革以降、さまざまな動きがみられたが、岩井田家檀那場の地域でも明治11年、東国敬神会の結成が企画され、御師であった岩井田家が斡旋人となっていることが確認できる。

　参拝を終えた記念として講員の仲間で石碑や塚などを建立することもあった。今でも寺社の境内にはこうしたモニュメントが多くみられ、講による参拝の隆盛だったことをしのばせてくれる。現在でも参拝講はみられるが、本章でみてきたような、徒歩により苦難をともにしながら日数をかけて行うものをみることはない。たとえば出羽三山講が残っている地域もみられるが、講として出羽三山に赴く手段はバスである。武州御岳山のように登拝がケーブルカーとなる場合もある。近場であれば御師の宿坊に宿泊せずに車で日帰りすることもめずらしくない。また、講による参拝を伴う集団の旅が、パックツアーや修学旅行などの集団としての旅行に代替されたり、変わっていった場合もある。

　講組織はフレキシブルであり、状況に応じて柔軟に活動するという側面がある。本章でみてきたのは歴史のなかの参拝講のひとつのかたちである。さらに総参りや代参、その選び方も含めてムラごとに多様なかたちであった。参拝講を歴史的・社会的な文脈と照らしあわせ、多様でフレキシブルなものととらえることにより、人びとの生き生きとした信仰のあり方がみえてくるのである。

●引用・参考文献
市田雅崇（2020）「地域社会の禁忌の越境と信仰の展開」和崎春日編『響きあうフィールド、躍動する世界』　刀水書房

岩井田家所蔵資料調査チーム編（2014）『館町の御師』　皇學館大学文学部櫻井治男研究室

加須市史編さん室編（1983）『加須市史　資料編2（近現代)』　加須市

群馬県教育委員会編（1976）『榛名神社調査報告書』　群馬県教育委員会事務局

越谷市市史編さん室編（1970）『越谷市民俗資料　昭和四十四年度調査報告』越谷市市史編さん室（大島暁雄ほか編著〔1994〕『関東の民俗』〈日本民俗調査報告書集成〉　三一書房　所収）

埼玉県編（1986）『新編埼玉県史　別編2（民俗2)』　埼玉県

埼玉県編（1988）『新編埼玉県史　別編1（民俗1)』　埼玉県

桜井徳太郎（1976）「講」桜井ほか編『信仰伝承』日本民俗学講座第3巻　朝倉書店

志木市編（1985）『志木市史　民俗資料編1』　志木市

宮本常一（2013）『伊勢参宮』増補改訂版　八坂書房

第3章

近代宗教政策による変容と再編

（武田幸也）

「講」と宗教制度 　近代における「講」をめぐる研究は必ずしも多いとはいえない。これについてはいくつも理由があろうが、その要因の一つに、どうしても個別具体的な「講」そのものへ関心が傾きがちであることが指摘できよう。むろん、このことは大いに評価されるべきであるが、こと近代に関しては、「講」をめぐる状況に大きな変化があったことにも注意が払われるべきと考える。

　そもそも近代日本は、明治維新を契機として西洋諸国と対等に渡り合える国家形成を目指し、世界に類を見ない近代天皇制（祭政一致）国家を創出した。これに関連して神仏分離をはじめとするさまざまな宗教政策が行われ、日本宗教史上に大きな変化がもたらされることとなった。こうした政策は、国家意思として法的になされたものであり、「講」をめぐる環境にも否応なしに変化を与えたといえる。

　以下、本章では「講」にかかわる宗教制度（特に明治期）を概観し、具体的な事例として、伊勢講を再編することで成立し、近代においてかなり特異な変遷をたどった神風講社の展開を紹介する。

**祭政一致
国家の構築** 　近代日本の宗教政策を考えるうえで注意する必要があるのは、天皇を中心とする近代的祭政一致国家が志向されたことである。これによって神道および神社が天皇と特別

な関係にあるという認識を前提に、天皇自らが「祭祀（親祭）」と「政治（親政）」を執り行う祭政一致体制が構築されていく。この出発点となったのは、明治元（1868）年の天神地祇御誓祭であり、ここで明治天皇は群臣を率いて五箇条の御誓文を国家の基本方針とすることを神々に対して誓った。以降、天皇親祭を基軸とする国家的な祭祀・儀礼制度が徐々に整備されていく。

　このような祭政一致国家の構築に関連して展開された重要な宗教政策として、次の2点をあげることができる。1つ目は「神仏分離」が断行されたこと、2つ目はキリスト教の浸透に対抗するため諸宗教が動員されたことである。

| 神仏の分離 | まず1つ目の「神仏分離」から説明しよう。神仏分離は、祭政一致国家の構築に関連して、皇室から仏教的要素が徐々に排除されていくことになったことに起因し、これが全国的に波及して神社から仏教的要素を排除する神仏分離へと展開していく。これは、皇室における神仏分離を中心に、皇室とかかわりの深い神社から順を追って展開し、他方では一部に「廃仏毀釈（はいぶつきしゃく）」といった問題も惹起された。ただ、ここで重要なことは、この神仏分離によって神道と仏教の境界に明確な一線が引かれたことである。そして、近代的な神社と寺院、あるいは神職と僧侶といった存在が再構築され、近代的な神道と仏教の関係性が構成される契機となったということができる。

　この神仏分離に関する法令は、明治元年3月17日の別当・社僧の還俗令に始まり、同年10月18日の法華宗三十番神の称を禁止する件まで、13の法令が主として神社を対象として出された。これらの法令の内容をみると、次の4つに分けることができる。

　①神社に奉仕する別当・社僧の復飾。その後神社に奉仕を希望す

る場合は神主・社人とする。ただし復飾しない場合は、神社か
ら分離した寺院の僧侶として奉仕することはかまわない。

②神名を仏語で称することを禁止する。また神社にある仏像・仏
具・鰐口・梵鐘等を除去する。

③神社における仏教的な祭祀の禁止。

④神仏分離は廃仏毀釈ではないことを指令し、社人の粗暴を戒め、
真宗門徒等を安心させる。

ここで明治政府が意図するところは、神仏分離はあくまで仏教を
弾圧するものではなく、神社および神社の祭祀から仏教的要素を排
除し、僧形での奉仕を禁ずることにあった。ようするに、神道の中
核となる神社から仏教的色彩を除去することにあったのである。

このような意図を踏まえ、全国的に神仏分離が展開することと
なったが、戊辰戦争等もあり、当時の明治政府が全国的な行政を掌
握するには至っていなかったため、これが貫徹されるのには若干の
時間を要することとなった。それゆえ神仏分離は地域的・時間的に、
かなり多様な展開をみることとなった。さらに、こうした流れを受
けて、全国の修験の霊山などでも神仏分離が個別に展開していくこ
ととなる。

**修験宗の廃止と
呪術的宗教の抑圧**
そうしたなか、明治5（1872）年に明治政府
は、太政官布告第273号で修験宗を廃止し、
それらを天台宗か真言宗に帰属させることとした。これは修験宗の
性格が神道か仏教かをめぐって曖昧な点があったがゆえである。つ
まり明治政府は、神仏分離によって神道と仏教の境界線を明確化し、
宗教者が神道・仏教のどちらかに属することを求めたが、修験宗の
場合はその性格がはなはだ曖昧であったため、修験宗そのものを廃
止し、仏教の管理下に置くこととしたのである。

また、各地の修験者が呪術的な活動を行っていたことも廃止の理由の一つとなった。元来、明治政府の宗教政策の特徴には開明的かつ専制的な啓蒙主義があり、明治3（1870）年には天社神道（土御門神道）が廃止、明治4（1871）年には六十六部と普化宗（虚無僧）も廃止、明治5年には僧侶の托鉢を禁止、明治6（1873）年には梓巫・市子・憑祈禱・狐下げ・玉占・口寄せ等の呪術的行為が禁止、明治7（1874）年には禁厭・祈禱によって医薬を妨げることがないよう指示されるなどした。このように明治政府は、近代化にあたって呪術的な宗教活動を抑圧しており、それに関連して修験者や呪術的行為に関わる宗教者が取り締まられることとなっていくのである。

　すなわち、明治初年の宗教政策によって、神道と仏教という枠組みを前提として神社や寺院、そこに関係する宗教者が再編成されていった。こうした政策を前提に修験者のような曖昧な存在や呪術的な宗教活動を担う宗教者たちの存在は、政府から抑圧されていくこととなった。なお、明治政府の開明的側面は、改定律令による違令罪や刑法における違警罪、新刑法の不敬罪や警察犯処罰令、果ては治安警察法・治安維持法などにつながり、新宗教を弾圧する根拠となっていく。それゆえに「講」や新宗教が伝統的な宗教教団の傘下に入ることは、こうした政府からの弾圧を回避する一つの方法ともなった。そのため民間の多様な宗教者は、後述する教導職制度や各宗教教団の近代化に伴い、教団を支える存在へ再編成されていく場合も発生したのである。ちなみに、このような開明的政策が実際の「講」とどのようにかかわるかは今後、検討されるべき課題の一つでもあることを附言しておく。

教部省の設立と教導職制度　次いで、明治初年のキリスト教対策を確認しつつ、「講」に大きくかかわる教部省期以降の宗教政策

の展開について説明する。

　明治元（1868）年、五榜の掲示により、切支丹邪宗門が禁制される一方で、明治政府は明治2年に神祇官を再興し、国民教化を目的とする宣教使を設置、教官として国学者を多数動員した。しかし、宣教使は教義・思想・学問系統の相違等で分裂し、統一的な教化活動を実施するに至らなかった。そこで明治政府は、仏教勢力をも動員した国民教化策への転換を図ることとなる。

　そうした流れをうけ、明治5年に教部省が設置された。教部省は日本における初めての宗教行政専門官衙であるが、教導職制・大教院体制を導入したことで、神仏宗派（教団・宗教団体）の近代的再編および創設に決定的な意義を果たすこととなった。さらには、講社設立を許可する権限を有していたことも特筆される。

　同時期には、教部省の管轄する教導職も設置された。この教導職には、主として神官・僧侶が任命され、大教正（1級）から権訓導（14級）までが存在したが、すべて無給であった。そのため、神道であれ、仏教であれ、活発な国民教化運動を展開するうえで、活力ある「講」を組織化していくことは、教団の運営にも関連する重要な課題となっていた。さらに、同年には、各宗に教導職管長を置き、末派寺院を取り締まることなども達せられた。これ以降、各宗においては教導職制度を基軸とする教団の再編成が推し進められていく。

大教院体制と『教会大意』　次いで明治6年には、仏教側の主導によって大教院が設置され、各地に中教院が設けられるとともに、すべての神社・寺院が小教院として位置づけられた。そもそも設立当初の教部省は、明治5年に交付した「三条教則」（「第一条　敬神愛国ノ旨ヲ体スベキ事」「第二条　天理人道ヲ明ニスベキ事」「第三条　皇上ヲ奉戴シ朝旨ヲ遵守セシムベキ事」）の枠内での神仏対等による合同布

教を推し進めようとしたが、教部省内の勢力争い等もあり、徐々に神仏対等から神主仏従による国民教化へ傾斜していく。

　これに反発した島地黙雷らをはじめとする仏教者は、活発な反対運動を展開し、大教院体制は明治8 (1875) 年に崩壊した。大教院体制はわずか3年余りであったが、「講」に関する特筆される活動として『教会大意』を制定したことがあげられる。明治6年、教部省は、大教院が定めた『教会大意』の発行を許可した。これにより「黒住吐普加美富士御嶽不動観音念仏題目等神仏之諸講」が「各一派之教会ニ可相立候」ことが認められ、「講」が独自の教会を開設していくことが可能となった。このことは「講」に基盤を置く民衆宗教や新宗教が、国家管理のもととはいえ、教団化する道を開いたという意味で画期となるできごとであった。

神道事務局の設立

　さて、明治8年に大教院が廃止されたことを受けて、神道教導職は神道独自の布教機関として神道事務局を設立し、各地に神道事務分局を設けた。だが、明治9 (1876) 年には黒住講社が神道黒住派、修成講社が神道修成派として別派特立するなど、包括的かつ単一な神道の構築には至っておらず、このことが後の教派神道十三派の成立へとつながっていく。

　次いで明治10 (1877) 年に教部省が廃止され、内務省社寺局が設置された。このような動向は明治初年以来、展開されてきた国民教化政策の転換を意味したが、教導職制度そのものは維持されることとなった。これは当時のキリスト教対策が、自葬を禁止することによって葬儀を神官・僧侶を中心とする教導職に限定することにあったからである（ちなみに自葬の禁止は明治5年から）。すなわち、明治政府は説教による国民教化運動から後退したものの、自葬として

のキリスト教式葬儀を認めないことで、キリスト教の浸透を防ごうとしていた。

そうしたなかで神道教導職は、神道事務局神殿の祭神をめぐって伊勢派と出雲派に分裂し、対立することとなった。元来、神道事務局の神殿は、造化三神と天照大神が祀られていたが、これに大国主神を加えることを出雲派が主張し、伊勢派はそのままで良いという立場をとった。この論争は神道事務局の主導権争い等にも波及して収拾がつかず、最終的にどちらの主張でもない選択肢として、明治天皇の勅裁による宮中三殿（賢所・皇霊殿・神殿）の遙拝で決着した。これを祭神論争といい、明治政府に神道による統一的な教化活動の実施が不可能であることを悟らせたといえる。この結果、明治15（1882）年に神官教導職の分離がもたらされることになる。

神官教導職の分離

神官教導職分離の眼目は、神道教導職から神官のみを分離することにあり、神官の葬儀不関与（ただし、府県社以下の神官は教導職を兼務し葬儀を執行することが認められた）も、これによって確定した。ここで重要なことは、この法令が非宗教としての神社神道、宗教としての教派神道が分立する淵源となったことである。そのため、神官が葬儀に関与できなくなる一方で、葬儀を執行することができる後の神道十三派を構成する多くの教団・教派が特立することとなった。ここで特立した教団は、神道神宮派、神道大社派、神道扶桑派、神道実行派、神道大成派、神道神習派の6教派である。これ以降、国民教化運動によって組織化された神道系の「講」は、神社に直接附属するか教派神道傘下のどちらかに位置づけられることとなった。なお、同年には神道御嶽派、明治27（1894）年には神理教と禊教、明治33（1900）年には金光教、明治41（1908）年には天理教が別派独立し、教派神道

体制が確立していく。ちなみに教派神道には、山岳信仰系の「講」や新宗教系の「講」が多数、流れ込んでおり、教団の下部組織を構成することとなったことは特筆に値する。

　だが、明治 17（1884）年には、教導職制度そのものが廃止され、教宗派の取締を管長に委任する太政官布達第 19 号が達せられた（ちなみに、この法令によって自葬が解禁され、名実ともにキリスト教が解禁されることとなった）。これによって、明治政府は、住職の任免や教師の進退を各管長に委任するとともに、内務省の監督のもと、各教宗派の管長に教規や宗制、寺法を定めさせた。本法令は、近代宗教法制度の根幹となった法令であり、その効力は昭和 15（1940）年の宗教団体法施行による廃止まで意義を有した。この後、各宗教教団においては教導職時代の制度を踏まえて、教団規則の制定が促され、教団の近代化が進展していく。そうしたなか、「講」が教団を支える存在として再編成されていくこととなるのであった。

　以降の宗教政策を概括すると、政府によって教団や宗教者の近代化が推し進められる一方で、神社を非宗教とするための政策もとられていく。そして内務省社寺局は、明治 33 年に神社局と宗教局に改組・分立されたことにより、神社非宗教が国家制度上に確立することとなった。これにより神社神道は内務省神社局、教派神道および仏教、キリスト教は宗教局の管理となり、これが戦後に至るまで維持されることとなった。なお、神社附属の講社については大正 14（1925）年に神社附属講社令が出され、法的な整備が行われている。

| 伊勢講の再編成 |　次いで、上記のような宗教政策のもと、どのように「講」が再編されたかを、伊勢講を母体に成立した神風講社を中心に概観していきたい。

周知のとおり、伊勢講は、伊勢神宮への信仰にもとづいて結集された集団であり、中世以降、伊勢御師によって組織化されていった。これを近代的に再編成したものが神風講社である。

　さて、明治初年に伊勢神宮は、各地に神宮教会を設置して国民教化運動に乗り出していった。そうしたなか、明治6年から全国各地に存在した伊勢講を再編・組織化して神風講社を結成していく。神風講社は、度会府から全国に向けて順次、番号順に区分され、その組織形態は50戸以上を分掌する世話掛のうえに、100戸以上を分掌する取締が5、6名存在し、それを社長がまとめて1講社という形態となっていた。そして、その活動目的は、三条教則を中心とする神道信仰を基軸とした相互扶助を主たる目的に位置づけるだけでなく国家や公共に資する事業を執り行うことも含まれるものであった。ちなみに伊勢神宮の教化活動は、講社を団結して説教によって導くことを重視しており、講社内では仏教信仰もある程度、許容されていた。

　以上のような伊勢神宮の教化活動によって形成された神宮教会や神風講社は、明治8年から伊勢神宮に設置されていた神宮教院を中心に再編成されていくこととなる。これを受けて、伊勢神宮の教化体制は、中央に神宮教院、各教区に本部教会、各県に各県教会、その下に分教会を数十ヶ所設け、神風講社は1万戸をもって1講社とされ、その事務は分教会が取り扱うという形に再編成された。

　なお、このような伊勢神宮の教化体制は、神道事務局の教化体制とも密接な関係を有するものであったことには注意を要する。これは明治9年の段階で神道事務局の下部組織である各地の神道事務分局と神宮教会の合併が行われていたことなどから窺い知れよう。また、伊勢神宮の具体的な教化活動の一つであった神宮大麻の頒布

については、神宮教会と神道事務分局の合併を前提に、分局詰の教導職を中心に各地の神職が頒布することとされ、その初穂金は神職が戸長を通して 収纏（しゅうてん）することとなっていた。この神宮大麻頒布による収入は、神宮教会および神道事務分局の活動費用に充てられることにもなっていた。すなわち、神道事務局の教化活動の一環として伊勢神宮の教化活動が展開される体制が構築されていたのである。

このような神道事務局と関連する伊勢神宮の教化体制のもとに、活発な巡回布教による説教活動が展開され、そこに集う人びとを組織化することで神風講社への再編成が行われていくこととなり、伊勢神宮は大きな教勢を得ていくこととなった。

| 神宮教院から神宮教へ |

しかし、伊勢神宮の教化体制は、明治 14 (1881) 年の祭神論争、翌年の神官教導職分離をへて、大きな変化を迎えることとなる。神官教導職分離は、神官教導職に対し、神職として神社に奉仕するか、教導職として国民教化に挺身するかを突きつけるものであった。これは伊勢神宮においても例外ではなく、明治初年以来、構築されてきた教化体制を分離することが求められていく。そこで伊勢神宮では、神宮司庁から神宮教院を中心とする教化体制を分離した。これによって成立したのが、神道神宮派（後の神宮教）であった。ここで成立した神宮教は、明治 17 年に教導職制度が廃止されたことを受けて、明治 19 (1886) 年には教団規則を定め組織を整備していく。

この神宮教時代においても神風講社は、教団組織を支える存在として編成されていった。この時期の神風講社は、組織的な規模については変遷があったものの、基本的な組織については明治 15 年以前から大きな変化はなく、その目的にしても三条教則を中心とする神道信仰を基軸とした相互扶助にあった。しかしながら、この時期

特筆される一つが、神宮教の祖霊殿に神風講社の講社員の祖霊が祀られたことである。この事実からは、講社員が神宮教において祖先の祭祀を求めていたことが示唆されている。また神風講社の組織化は、神宮教教師による説教活動と密接なつながりがあり、これも明治15年以前から継続された点である。ちなみに神宮教教師による活動報告などからは、各教派や各講社が地域社会において重層的に存在する実態が窺われる。さらに神宮教では、明治22（1889）年の第56回式年遷宮を踏まえて、その翌年に伊勢神宮への参拝者を300名で1組とする神風講社大参宮会といった計画を立案し、実施している。

<table>
<tr><td>神宮奉斎会への非宗教化</td></tr>
</table>
　明治32（1899）年、神宮教は解散し、財団法人として神宮奉斎会を設立した。これは教派神道という宗教の枠組みから離脱し、非宗教的団体へ神宮教が変容したことを示している。この背景には、直接的には民法の施行があるが、翌年に内務省神社局が設立されたように、神社を宗教とは別に扱っていこうとする動向があったことも関連していると思われる。

　ここで成立した神宮奉斎会は、東京に神宮奉斎会本院を置き、各地に本部、その下に支部を置くなどして組織を変革し、当時、宗教的と考えられる活動から距離を取って、神宮大麻の頒布や神前結婚式といった儀礼の執行に力を入れていくこととなる。ここにおいて神風講社は、神宮奉斎会賛成員組合へと改められた。

　この神宮奉斎会賛成員組合では、具体的な活動を講演活動や伊勢神宮に対する奉拝、神宮大麻暦の頒布・拝受などとしている。また、構成員である賛成員に対しては伊勢参宮並びに神宮奉斎会本院の参拝における待遇などが定められた。ここで重要なのは、神宮奉斎会は宗教から離脱し、非宗教化したため、賛成員組合は教派神道傘下

でもなければ、神社に直接附属する神社附属講社とも異なるものとなったことである。この事実は、明治期において「講」を編成する組織に多様なあり方があったことを示している。

　しかし、大正期以降の神宮奉斎会では、神宮大麻の頒布権喪失や関東大震災などもあり、会勢は衰えていく。そのようななかで、大正14年以降、参宮団体募集の取り組みや昭和4（1929）年の伊勢神宮式年遷宮に合わせた神宮式年遷宮奉祝連合会の設置、大神宮御遷宮奉賛会との提携などが行われた。さらに昭和9（1934）年には神宮奉斎会所属の諸団体を中央敬忠組として統一するとともに、参宮団を組織して神宮への参拝旅行を奨励するといった事業を推進していく。こうした活動は、近代的な伊勢講の結集ともみることもできよう。

　　　　　　　　だが、昭和20（1945）年の敗戦により、神宮奉斎
戦　後　へ　会は、大日本神祇会・皇典講究所とともに神社本庁へと発展的解消を遂げることとなった。そこにおいて神宮奉斎会は、奉斎会本院を東京大神宮とし、地方の本部などを各地の大神宮として神社本庁体制下の神社へと再編成していくこととなった。さらに伊勢神宮講社といった組織があらためて設立されていくこととなる。

　このように、明治初年に伊勢神宮の教化活動によって再編成された伊勢講は、神風講社・神宮奉斎会賛成員組合などをへて、戦後は神社本庁体制下の「神社」を支える存在として変遷を遂げた。それとともに神宮奉斎会の活動や戦後の伊勢神宮講社の設立などによって、近代における新たな伊勢講の系譜を継ぐ組織も結集されていったといえるだろう。ちなみに、ここまで述べてきたような神風講社等に再編されない伊勢講があったことにも、注意を払う必要がある。

本章では、近代の宗教政策を踏まえつつ、とくに
神風講社の展開に注目し、近代における「講」の
一端を紹介した。

　近代の宗教政策によって神道と仏教および神社と寺院の境界が明
確化され、キリスト教対策を目的とする国民教化運動や宗教政策の
展開によって教団の近代化が推し進められていく。そこにおいて
「講」という存在が教団を支える存在として注目されていったので
ある。

　このような展開のなかで、おおむね近代における「講」は、神道
か仏教かという2つの枠組みのもと、教団化する「講」がある一
方で、教団に組織化される「講」と、組織化されない「講」も存在
した。さらに複雑なのは、宗教的枠組みから除外されていた神社に
附属する「講」と、神社を対象とするものの神社に直接附属しない
「講」も存在したと考えられることである。そのうえ、近代に結集
された「講」および「講的集団」や経済的・社会的「講」の存在も
含めれば、近代の「講」は、かなり多様な文脈や組織にかかわる存
在であったといえる。そのため近代における「講」を検討すること
は、「講」に関連するさまざまな諸現象を解明することにもつなが
るといえよう。

　しかしながら、このような近代における「講」の実態解明につい
ては、いまだ緒についたばかりである。今後、近代の宗教政策や神
社行政の展開、あるいは各教団の近代化といった文脈と、個別具体
的な「講」の研究を架橋していくことで、より立体的な「講」の実
像に肉薄していくことが可能となるといえるだろう。

　さらには「講」研究の進展は、「近代」そのものや「社会」を考
える1つの視角としても有効であることを附記しておきたい。

●引用・参考文献

井上順孝・孝本貢・対馬路人・中牧弘允・西山茂編（1994）『[縮刷版] 新宗教事典　本文篇』　弘文堂

加瀬直弥・岡田莊司・嵯峨井建・藤田大誠・阪本是丸（2016）『神仏関係考』鎮守の杜ブックレット1　神社新報社

阪本是丸（1994）『国家神道形成過程の研究』　岩波書店

宮家準（2006）「近現代の山岳宗教と修験道—神仏分離令と神道指令への対応を中心に—」『明治聖徳記念学会紀要』43　42-61頁

宮家準（2019）「近代の神道と山岳修験—教派神道を中心に—」『山岳修験』63　1-22頁

安丸良夫・宮地正人（1988）『宗教と国家』日本近代思想大系5　岩波書店

第4章

「在俗」の宗教者

（久保康顕）

「在俗」をめぐって

江戸時代、御嶽講・富士講を率いて加持祈禱などをとおして病気治しなどをしていた者たちは一般に、その時代の修験者や神職・陰陽師らと同じく、いわゆる民間宗教者として位置づけられる存在であろう。しかし、かといって修験者・神職・陰陽師と、御嶽講や富士講で活動したそうした者を全く同質なものととらえてしまうのも、問題がありそうである。この両者に違いがあるとすれば、それはどこに求めればよいのであろうか。

例えば、修験者らはきちんとした修行を経た専門の宗教家であるが、対して御嶽講などのなかで加持祈禱をする者（以下、行者と呼ぶ）は普段は家業をもち、いわば臨時的・兼業的な宗教者であるというイメージがあるかもしれない。

しかし現実はどうなのであろうか。たとえばかつて村々にひろく存在し、御嶽講・富士講の行者と同じく、庶民の願いに応じてさまざまな祈禱を施していた修験者、いわゆる里修験らは、本山派また当山派といった修験教団に所属していたが、かといってその教団が里修験を育成するのではなかった。教団は里修験らに補任状（修験者の位階などを与える文書で、修験者であることを認めるもの）を出す存在にすぎず、儀礼や教義の修得は基本的に各自に任せられていた。

御嶽講・富士講の行者も、御嶽山・富士山に関係する宗教者だが、

そうした山内に宗教知識の伝授元があってそこから学ぶのではなく、自分の行う各種の儀礼は各々が独自に修得するもので、この点は修験者らと変わらないのである。

　また、兼業の問題にしても、里修験や村々の神職らは宗教儀礼のみの収入で生活しているわけではなく、平素は農業にあたっているのが通例で、兼業面での差も、実質的にはあまりない。

　このように、〈専門的〉〈臨時・兼業的〉との腑分けは必ずしも有効ではない。そこでひとつ着目できるのが、幕府と宗教者の関係である。

　江戸時代、幕府が宗教者として認めていたのは、既成の仏教諸派（僧侶を統括）、本山派・当山派（修験者を統括）、吉田家・白川家（神職を統括）、土御門家（陰陽師を統括）といった幕府の公認した組織に所属した者であった（高埜 [1989]）。このようななか、御嶽講や富士講の行者らは基本的に上記公認の組織には所属しておらず、幕府の立場からは違法な存在であった。江戸時代後期には活動が禁じられることもしばしばあったことが知られる（埼玉県 [1989] ほか）。ただし、公認組織に所属するには相応の条件をクリアしたうえで、極論すれば官金・礼金を積めば所属できたのであって、所属への途が閉ざされているわけでは決してなかった。

　つまり、これら江戸時代の行者は基本的に公認宗教者の枠外の存在であり、加えてそこには、公認宗教者への道を選ばず、あくまでも庶民身分のままで宗教活動を続けた者ととらえることができる面がある。そしてこのとらえかたの先には、庶民身分で宗教活動を続けたことの意味や、さらにはそれが可能であったことの背景が問われることになる。これら意味や背景には、宗教者と社会の関係の重要な論点が隠れているといえそうである。

制度外の宗教者を、政治権力を背景とする制度に収まりきらない、民俗の強靱さの現れであると理解する考えがあろうが、それで事が足りてしまうわけではない。ここでは御嶽講や富士講の行者に、その一般世俗人として宗教活動を繰り広げたことに積極的意義を見出して、在俗の宗教者という位置づけをし、以下、それら行者の活動や歴史について説明していこう。

行者の活躍　現在、行者の高齢化が進み、伝えられてきた儀礼をこれまでのように執行できなくなるケースが増えてきているようである。ここではまず、どのような儀礼を行者らが伝えてきたのか、その具体例をいくつかみておこう。現在の木曽御嶽講の活動から少し紹介したい。

　写真 2-4-1 は「風呂敷護摩」での加持の風景である。平成 17（2005）年 4 月、埼玉県本庄市の普寛霊場の春季大祭に参加していた講社「妙米講」の行者らが行ったもの。普寛霊場は、木曽御嶽講の創始者のひとりである本明院普寛が享和元（1801）年、武蔵国本庄宿で入寂したことにちなみ、幕末から明治維新期にかけてこの地

写真 2-4-1　風呂敷護摩
（普寛霊場〔埼玉県本庄市〕、平成 17 年撮影）

に創設された宗教施設である（本正院［2007］、埼玉県［1989］）。

　毎年4月・10月に大祭を行い、このときには各地の御嶽行者、またその行者に率いられる講がやってきて、境内でさまざまな呪術を披露する。各種の護摩、日本刀を梯子にして櫓へ登る刀渡り、湯を散らす湯花、不信心な者が手を入れると音が止むという鳴釜ほか、史料をみていても名称しか知ることのできない、いろいろな呪術の実際をみることができる。

　さてこの「風呂敷護摩」は、まず布（風呂敷）を広げて杉の葉を敷き、その上で行者が護摩を焚く。護摩木は燃え尽きて灰となり、それをそのまま杉の葉・布で包んで風呂敷包みにし、それを祈願者の患部に当てて加持をする。まさに「護摩の灰」で行う温熱療法で、写真は、祈願者の腰に風呂敷包みをあてているところである。

　写真2-4-2は同じ大祭時に御嶽教越谷教会（埼玉県越谷市）が行った「豆煎護摩」の最中の風景である。和紙に大豆を載せ、その下で護摩を焚くもので、護摩壇正面（写真手前）にリーダー格の行者が座り導師を務め、四方を行者たちが固める。燃え上がる護摩火を計5人で各種の呪法を行って制御して、紙が燃えず、大豆をカラカラに煎ることができれば護摩の成就である。写真では、護摩火の上昇熱で最初は垂れていた紙の両端がめくれ上がっているのがわかる。

　紙は火を当てられても燃えなかったというところか

写真2-4-2　豆煎護摩（同）

ら、火伏せのお守りとして頒布されたり、大豆は加持された大豆として、御供・縁起物などとして用いられる。なお、この和紙はきちんと燃える紙である。

　こうした儀礼が伝えられてきたことはとても興味深い。「切紙」「大事」などと言って、こうした加持祈禱の手順・方法を記した書き物がある。かつて山伏や神職を務めていた家に残されているのをよくみかけるが、そうした書き物をみたとしても、普通はとてもこのように執行することはできない。数々の身体的所作からなるこうした儀礼はやはり、実際の修行をとおして身につけ、また師匠をもち学ばねばならない。行者が行う儀礼は、のちに触れるように細かな点で行者によって異なる面があるのだが、基本的に行者から行者へと「人」によって伝えられてきたものであることを痛感させられる。

　写真からはよくわからないかもしれないが、儀礼を主導するリーダー格の行者の周囲には、弟子や仲間の行者の姿がある。弟子はこうして修行・経験を積み、師から学び、儀礼を継承していくこととなる。仲間の行者も経験を重ねる。そして独立したり、また師が帰依信者を集めた講を率いていれば、その講を継承していくことになる。弟子の育成も行者の重要な役割となる。

　儀礼の修得をめぐる問題　種々の加持祈禱、護摩、護符などの呪術宗教的行為は、行者の存在意義にかかわる重要な活動なわけだが、加持祈禱などの具体的方法・知識をいったいどのように修得しているのであろうか。

　加持祈禱などの儀礼の執行をめぐっては、それは人びとの要望に応じて行う対社会の宗教者の活動であり、宗教と社会の接点を考えるうえで従来、研究で盛んに取り上げられてきている。一方、そう

した儀礼を執行するために不可欠である方法や知識の修得をめぐっては、宗教者内部の問題としてあまり関心をもたれてはこなかった面がある。しかし、行者のありかたを考えさせる重要な内容をもつのが、この修得の問題である。

誰から教えてもらうのか　一般に山伏をはじめとする行者はまず師をもち修行して、相応の儀礼の伝授を受ける。ただ、こうした師弟関係による伝授だけがすべてではない。

　江戸時代の山伏には、師弟関係のない山伏どうしで、それぞれ自分の秘法を交換しあうという例がみられる（久保［2016］）。また日向国の当山派山伏の泉光院は各地を遊行して『日本九峰修行日記』（「日本庶民生活史料集成」二）を書いたことで著名だが、その日記を読むと泉光院が旅先で知り合った山伏から懇望され、儀礼を伝授している姿をみることができる。ただし泉光院は、相手の器量・熱意を見極めたうえで伝授するのであり、浅薄な山伏の願いは断っている（宮本［1984］）。

　山伏の、師弟関係によらないこうした伝授方法の延長線上に位置づけることのできる現代の行者の語りがある。筆者が中部地方の御嶽行者から聞いたものであるが、しばらく使わないでいた「行法」（儀礼の方法）は誰かに伝授するなどして「動かさないと」、効験が現われるようにならないと語る行者がいるのだという。

　この言説が行者一般の考えなのかどうかは別として、このような考えがあることに注目される。伝授の機会を少しでも多くして良い儀礼を広め、救われる人を増やすといった利他の実践、すなわち行者のめざすべき行いのひとつである菩薩行の実践という仏教教義的説明ができそうだが、それとともに、修得された行法を秘匿されるものとばかり考えてはいけないことがわかる。行法を動かすとは、

やはりそれまでの歴史……必要に応じて儀礼の方法を周囲に教え、教わる、もちろん伝授にふさわしい相手を選んで……を背景とした考えであると判断されるのである。

　現代の行者も、まったくかつての山伏と同じ伝授形態をもっていて、行者らは師弟関係上の師に加えて、周囲の力ある行者らをはじめとする行者仲間から儀礼の方法など各種の宗教知識を得ているといってよい。

宗教知識の源泉　ならば儀礼伝授の様相が、なぜこのような方法となっているであろうか。それは一元的な儀礼・教義の伝授元が存在しないからとみられる。行者は、富士山や御嶽山に登拝するが、そうした山内に定まった建物があって、そこに富士信仰・御嶽信仰の教義や儀礼が保持されているわけではない。まだ研究上考察が尽くされてはいない部分だが、必要な宗教知識は、基本的に行者ら民間に蓄積・保持されていると考えてよいであろう。そしてこうした蓄積・保持を成り立たせてきた要素のひとつが、仲間どうしでの儀礼伝授であるとみられる。

　なお、御嶽講の始祖である本山派修験の本明院普寛の弟子山伏らは、有力な一般人の信者（御嶽講員）へ修験道儀礼を伝授したことが知られる（関［2013］）が、修験者が行う儀礼自体も、聖護院や醍醐寺三宝院といった修験道本山が伝授したものではなく、各地の山伏が自分たちで、すなわちもともと民間で保持されてきたものである（久保［2021］）。山伏の行った儀礼の御嶽講への流入は事実として、今後は民間での保持・移動という大きな枠組みのなかに、山伏から御嶽行者への儀礼の流れの意味を考えていくことも必要となる。

　また、儀礼や行法を蓄積・保持して人に伝授する行者は、そうした知識を常に扱ってきただけに、修行による神仏との交流を通して

さまざまなことを感得して、知識の組み替え、再構成を行ってきたものと考えられる。行者の間で場合によっては同じような儀礼なのに行法に微妙な差があることがあるようであり、また、独自の儀礼・行法をもっている場合もある。これは人々の願望に応えるために、多様な儀礼を編み出し、そして必要に応じて従来の行法を作り替えたりして磨き上げてきた結果（関［2013］）であるとみて差し支えない。こうした、いわば自由な組み替え・再構成ができること自体、行者が宗教知識の蓄積・保持の場にいかに近接しているかを物語っていよう。

| 正しい行法 はあるのか | 筆者がかねて噂を聞き、伝承を知る機会のあった御嶽行者に、群馬県渋川市のｉ氏がいる。この人は大 |

変な験力の持ち主で、昭和40～50年代という時期、その噂は東京にまで及び、盛んに東京からの祈禱・占いの依頼者が来訪した。ｉ氏は近隣の男たちを弟子にとり、新潟の八海山や富士山へ修行に出かけた。そして「一人伺（ひとりうかがい）」の達人として知られる行者であった。

　御嶽講の託宣の儀礼に「御座（おざ）」があるが、これは通常、中座（なかざ）と前座（まえざ）の二人がセットになって行われる。前座の加持により中座に神仏が憑依し、中座が口走る託宣を前座が聞くのだが、これをすべて一人で行うのが「一人伺」である。ｉ氏は自宅内の神前で訪れてきた人の悩みを対面して聞き終わると、座ったままの状態でぴょんと跳ね上がって半回転して神前の祭神に向き直り、神懸かりがはじまって、その人に背を向けたままお告げを述べたといわれている。

　このことを筆者は関東地方で御嶽教会を経営するある御嶽行者に話したところ、憤慨気味にすぐさま、それは「独り言をいう」というもので、してはいけない、あたらないものなのだと言われたことがある。

「独り言を言う」との手慣れた表現ですぐさま否定する様子から、一人伺はよく行われており、その一方で以前からこれを邪法とする行者たちが存在してきたことをも理解できる。ただ、ここから統一的な行法がなく勝手な行法がまかり通っているとばかり考えるのは安易である。それよりも、ⅰ氏も験力をもって広く知られた人物であることを鑑みれば、行者はそれぞれ差異・独自性を発揮して信者を獲得しているのであって、自ら修得した行法に信念をもち、信者に向き合っているからこその「一人伺」であると理解される。そして同様に信念をもっているからこその批判である。信者を獲得している自信による行者間のせめぎ合いを見て取るべきであろう。

行者・先達・講

富士講・御嶽講は、周知のように登拝講でもある。富士山や御嶽山を信仰しそこで修行を重ねた行者が、信仰の拡大・普及を願い信仰者を講などに組織して、自らは「先達」を勤めて講中らを率いて登拝修行する。先達とは、その道に通じた者のことであり、ここでは山内に熟知し、定められた修行場・礼拝所に引率し規矩通りに修行や礼拝を済ませつつ登拝させる、登拝修行にあたっての指導者である。宗教者としての先達とは、古くは平安時代末から紀伊半島の熊野三山へ参詣者を導いた熊野先達以来、人々を霊場へ導く存在である。

さて富士講は、長く培われてきた富士山への山岳信仰をベースに富士山の「人穴」で修行した長谷川角行（1541-1646）が江戸で大きく信仰されたことに端を発して、その後も角行の富士山修行の系譜を受け継いだ食行身禄（1671-1733）が出て信仰を集め指導力を発揮し、江戸を中心に広く富士山信仰者の集団である無数の富士講が結成された。

富士講は、富士山登拝するばかりでなく、地元に富士山を模した

「富士塚」を造り、実際の富士登拝に代わる簡易な参詣先としていたことでも知られる。そしてその富士塚には数十度の登拝回数を重ねた行者の記念碑が建てられていることもあり、これは地域の富士講行者に関する貴重な資料となる。

　江戸後期には身禄の系譜を引く行者である商人・小谷三志（1766-1841）が、富士講の過度な呪術宗教的方向に歯止めをかけて道徳的生活の実践を目指す「不二道」を提唱したことで、呪術宗教的性格の強いものからそうでないものまで、富士講は講によりいくつかの様相をもつ。こうした行者・富士講を含む富士信仰に関するまとまった研究は昭和初期から現れ、以降数多い（井野辺 [1928]）。近年では国外研究者の著作が日本に紹介され（エアハート [2019]）、また、富士山の世界文化遺産登録に関連して調査が進み報告書が公刊（富士宮市 [2017]、富士吉田市 [2021]）されたりしており、注目される。

　御嶽講については、木曽御嶽山は元来数ヶ月間に及ぶ厳しい精進潔斎を経た山麓の者たちが登拝するものであった。しかし尾張国の行者・覚明（1718-86）が天明 5（1785）年から、武蔵国の修験道本山派の山伏・普寛（1731-1801）が寛政 4（1792）年から相次いで信者とともに軽い精進での登拝の強行を重ね、これを契機に山麓民を中心に信仰されるにすぎなかった御嶽山は、その外部の人びとの登拝を受け入れる山へと変容する。覚明や普寛、また両者をとりまく行者・修験者・初期の一般信徒の活発な活動により御嶽山登拝が山麓外の人びとに普及することとなり、そこに成立したのが御嶽講である。

　こうしたことをめぐる本格的な研究は昭和 40 年代からあらわれた（生駒 [1966]）。その強い呪術性には文化人類学からの視線もそ

そがれ（菅原［2002］）、とくに近年は女性行者の位置づけ（小林［2013、2019］）といったこれからの研究に欠かせない視点の登場などを含めて目覚ましいものがある（中山［2007］、日本山岳修験学会［2008］、関［2016］ほか）。

さて御嶽講にも、土盛りをして小山を築き、そこに霊神碑（没した御嶽行者の供養・墓碑的な石碑）や、御嶽山登拝数十度を記念した石碑などを据えているのをままみかける。いまのところ名称ははっきりしないが、「御嶽塚」と呼ぶべきものであろう。そしてやはりそこにあるそれら石造物の銘文は、その行者の来歴や信仰集団の地域的広がりを伝える。

さて、各地に叢生したこれら富士山・御嶽山信仰の行者・講のほとんどは、既成の伝統的な仏教教団や修験教団に所属しないものであり、こうした明確な所属先をもたずに宗教行為を行うことが幕府の問題視するところとなって弾圧を招いた面があった。しかし近代に入ると、神道を中心とする新たな宗教政策への対応は必須のこととなり、これら行者・講は新たに成立し

写真 2-4-3　御嶽山登山五十三度記念碑
（埼玉県児玉郡上里町五明、
御嶽神社、令和 3 年撮影）

た「教派神道」に所属することとなる。富士行者・講であれば扶
桑教・実行教・丸山教など、御嶽行者・講であれば御嶽教が主
なものであるが、神道大教・神道修成派などにも富士山・御嶽山
信仰の行者・講が散在する(田中［1987］、井上［1991］)。ただ、教派神
道に所属しているとはいっても、儀礼・行法をこれらの本部などが
伝授するような仕組みには基本的にはなってはおらず、江戸時代以
来の行者・講のあり方は基本的に継承されていることに注意しなけ
ればならない。

　写真2-4-3は、神道修成派に所属した御嶽行者の御嶽山登拝を
記念した石碑である。明治41（1908）年の造立で、この時期まで
に埼玉県北部から御嶽山へ53度におよぶ登拝を行った行者の存在
を伝える。

> 鎮守の石造物にみえる
> 行者・講の社会的位置

さて以上、行者の姿を中心にみてきたが、
それら行者が率いる講も、行者をめぐる
考察を進めていくうえでの大きな材料となる。

写真2-4-4　熊野神社境内の石造物が林立する御嶽塚
（埼玉県行田市須加、令和3年撮影）

埼玉県行田市須加の熊野神社の境内にある石造物を調べると、社殿の正面やそこへ至る参道といったその神社の中心的空間にあるのは、大多数が地元の伊勢講が奉納したものである。一方で富士講と御嶽講関係の石造物もあるのだが、それは明治期から昭和初期にかけて境内に築造されたとみられる富士塚・御嶽塚の領域にとどまるのである（写真2-4-4）。この熊野神社は江戸時代以来の須加地域（江戸時代は武蔵国北埼玉郡須加村〜現在の行田市須加）の鎮守である。なお、これに類似した造立パターンは、関東地方においてはよくみかける。

　いくつもの石造物を造立する力のある地元の富士講・御嶽講が、境内の中心的荘厳に手を出していないのはなぜなのであろうか。行者のもとに集まった信仰者からなる講の、鎮守祭祀への携わり方にこのような状況がある。地域で活動する諸講のあいだには何らかの社会的・宗教的な序列があるようであり、こうした面から行者の活動、また講をとらえていくのも意味のある作業であろう。

　なお、こうした講が鎮守の中心的荘厳にかかわらないことのひとつには、構成員の問題もあると考えられよう。すなわち、力ある行者のもとには近しい組・村の住人を越えてさらに隣村・周囲の地域からその力を頼りに信仰者が集まり、講の構成員となる。行者の力量が大きければ大きいほど、また大きくなるに従い、より広範囲の信者を獲得していくことになる。こうした村を越えるいわば「成長・伸展性」をもつのがこれら講の特長であるといえ、地縁にとどまる念仏講や村の参詣講と大きく異なる点となる。

　そして、組・村の範囲を超えて成立する講が、その村の鎮守の祭祀・荘厳に中心的にかかわるのは憚られる方向にあったものとみてよいであろう。熊野神社境内の富士講・御嶽講関係の石造物には寄進者名が彫られているが、そこにみえる寄進者の居住地名は実際、

写真 2-4-5　普寛霊場（埼玉県本庄市、令和 3 年撮影）

須加村にかぎられてはおらず、須加村の周辺地域にまで及んでいる。

| 本庄普寛霊場 本堂の部材 |

写真 2-4-5 は、埼玉県本庄市の普寛霊場の本堂を形成する各部材に、その部材の寄進者名（講名、個人名ほか）が刻まれている様子を撮影したものである。篤い信仰を背景に本堂は移転や寄進による意匠替え・増改築を重ねており、さまざまな時期の寄進部材が混じりあっている。おのおのの部材がいつの寄進になるのかにわかに判別はできないが、こうした刻名が本堂の至るところにみられ、この建物が各地の多数の講の寄進によって完成・存続してきたことを伝えている。

　すでにみたように儀礼の内容も行者により異なり、また自らの行法に強い自信をもち独自性の強い行者たちとそれに率いられる講が集結して本堂を建設し、存続させてきた点が興味深い。

　しかも普寛霊場は昭和に入り木曽御嶽教の管理下となるが、当初は普寛の高弟、次いで普寛の入寂にあたり縁のあった近隣の曹洞宗安養寺、さらには地元自治体の本庄町（現・本庄市）が管理していた（本正院［2007］ほか）。当初はともかくも、とくに御嶽講関係者がこの霊場の直接の代表を勤めなくとも、増改築が重ねられてきたので

ある。

　普段独自性の強い行者とそれに率いられる講であるが、常に独立独歩、烏合の衆というわけではないことがわかる。霊場管理者が誰であろうとも存続のために集結してきたこうした連携的な態度は、儀礼の伝授をとおして、また山岳修行をとおしてなど、他の行者・講を知る機会をもつというこの行者・講ならではのあり方によって培われたものといえよう。

| 在俗宗教者 |
| 研究の展望 |

　在俗の宗教者たる行者は、宗教知識や教義を一元的に保有したり管理している上部組織をもってはおらず、独自性が強い。しかし相互に連携する面をもっており、またその行者が率いる講は村を越えて増える「成長・伸展性」をもつ。講員が増えたり、講員のいる地理的範囲が拡大するというこの「成長・伸展性」は、とりもなおさず講を率いる行者の能力如何にかかわっているといえよう。この講への参加者は、村の構成員に限定されたり、戸主が必ず参加するなどといった義務での参加ではなく、基本的に信心次第で比較的任意の参加である。つまり慣習・義務的参加型の講ではないから、基盤は不安定な面がある。

　こうした行者の能力如何で成長し衰退する個々の講の様子、また行者の代替わりの様相など、行者自体のライフサイクル、そして行者が率いる講のライフサイクルや講継承をめぐる動向も行者をめぐる研究の材料となる。教団権威に頼らず活動を繰り広げる在俗の宗教者たち、またそうした力の源泉について今後、多くの人たちによる研究がまたれている。

●引用・参考文献
生駒勘七（1966）『御嶽の歴史』　木曽御嶽本教

井上順孝（1991）『教派神道の形成』　弘文堂

井野辺茂雄（1928）『富士の信仰』（浅間神社編『富士の研究』3）

エアハート，H・バイロン著、井上卓哉訳（2019）『富士山―信仰と表象の文化史―』　慶應義塾大学出版会

久保康顕（2016）「里修験の作法類の奥書をめぐって」『山岳修験』57　51-62頁

久保康顕（2021）「『里修験』とは何か」『現代思想』49-5　274-287頁

小林奈央子（2013）「御嶽講登拝を支えた女性強力」『宗教民俗研究』21・22　65-87頁

小林奈央子（2019）「民俗宗教研究におけるジェンダー視点の必要性―女性行者を中心に―」『宗教研究』93-2　57-78頁

埼玉県（1989）『新編埼玉県史』通史編4

菅原壽清（2002）『木曽御嶽信仰―宗教人類学的研究―』　岩田書院

関敦啓（2013）「御嶽講の行法にまつわる帰属意識」長谷部八朗編著『「講」研究の可能性』　慶友社

関敦啓（2016）「修験者による霊山登拝講の結成過程」長谷部八朗編著『「講」研究の可能性Ⅲ』　慶友社

高埜利彦（1989）『近世日本の国家権力と宗教』　東京大学出版会

田中義能（1987）『神道十三派の研究』上・下　第一書房（ただし初出は日本学術研究会［1932～1939]）

中山郁（2007）『修験と神道のあいだ―木曽御嶽信仰の近世・近代―』弘文堂

日本山岳修験学会（2008）『山岳修験』42（木曽御嶽特集号）

富士宮市（2017）『史跡富士山　人穴富士講遺跡調査報告書』

富士吉田市（2021）『富士吉田の富士山信仰用具調査報告書』

本正院寛心（2007）『御嶽山と先覚の大行者』　本庄普寛大教会

宮本袈裟雄（1984）『里修験の研究』　吉川弘文館

第3部

「講」の周辺に見えるもの

第1章

生業の信仰と「講」の位置づけ

（髙木大祐）

生業からみる信仰集団　生業をともにする同業者は、利害を共有する仲間であるがゆえに、同業者集団を形成する。資材の共同購入や共同利用、商品の共同販売を軸とする農業協同組合、漁業協同組合などの組合がその典型である。それと同時に、同業者集団は同じ職祖や祭祀対象を共有する集まり、すなわち信仰集団の側面ももちあわせる。こうした生業の信仰の場面で、講はどのように表れてくるのか、本章ではその点に着目して、講の機能、特性ということを考えてみたい。

同業者集団と「講」　現在では多くの同業者集団が「組合」を名乗っているが、これは明治33（1900）年の産業組合法以来のものである。戦後に農業協同組合法、水産業協同組合法などの法制によって定着した。

　では、それ以前の近世の同業者集団はどのようであったか。商工業者が独占的に営業を行うために組織した株仲間は、近世に特徴的な同業者集団である。営業の独占が最大の目的であるから、当然結成の要因は経済的なものである。ところが、桜井徳太郎は『大阪市史』第1巻［1913］、第2巻［1924］から分析し、その多くが講を名乗り、しかも天神講、伊勢講などの信仰に由来する名称をつけていたことを明らかにしている（桜井［1962］）。これは、同業者の仲間もまた講集団の一種ととらえられていた一例である。

それにしても営業の独占というきわめて実利的、経済的な目的によって結成された株仲間がなぜ信仰に由来する名を冠したのだろうか。桜井は茶仲買株仲間の伊勢講に注目してこの点を説明している。茶仲買株仲間による伊勢講は、講寄合の場で新加入の手続き、名跡譲り請けの顔見世銀など申しあわせをすると同時に、毎年伊勢神宮代参の抽籤を行っていた。経済的機能と信仰的機能の両方を果たす集団であったのである。このように、講集団の役割として、経済的、信仰的という分類が立てられるとしても、同業者が信仰を共有する存在であるゆえに、同業者集団・同業者による講は、その両面が不可分のものとして併存するという点は留意すべき点である。

　さて、同業者集団が講の寄合の場に、実務上の申しあわせと信仰の両方の機能をもたせている例といえば、大工などの職人の太子講もあげられる。聖徳太子を大工の職祖とすることから、聖徳太子を祀って講を開き、そこで実務の申しあわせも行うものである。特に年始の太子講ではその年の賃金の取り決めが行われるなど、契約を行う場が太子講であった。

　佐藤正彦が調査した平戸市職人町の太子講の様子をみよう。ここの太子講は2月21日または22日の夜、最教寺境内の太子堂で飲食を行うものである。大工の集まりで明治28（1895）年以降の記録では52〜121人で組織され、大宿を中心とする数人の寄子により運営されている。大宿は寄子のなかから「大寄」という寄合のとき選出される。この「大寄」では、寄子の選出、寄付金額の決定のほか、かつては大工賃金・就業規則なども決められた（佐藤［1993］）。

　このような重要な実務の場に、聖徳太子像を掲げ、信仰的意味合いをもたせていたことから、同業者が結集する核となる部分で、経済的要素と信仰的要素の両方が欠かせない存在となっていることを

確認できる。

　なお、現在同業者集団として一般的な組合と講の関係については、駒井鋼之助の論考に示唆的な事例が報告されている。駒井は愛知県碧海郡桜井町岩瀬家所蔵の「太子講仕法牒」を分析している。嘉永年間に記録されたもので、物価高に対応するための値段の取り決めがみられるなど、やはり太子講が経済的機能を果たしていたことを示している。

　そして、明治末年に重要物産同業組合法が制定されると、太子講は西三瓦製造同業組合に衣替えした。ただし、駒井は、太子講の名のもとに組合とは別に色々な私的会合が続けられたということを指摘している（駒井 [1967]）。経済的機能と信仰的機能をあわせもった太子講が産業組合に移行したことで、今度は組合とは異なる私的会合が太子講を名乗ったのである。同じ同業者どうしのつながりでも、組合という存在に飽き足らない、何らかの要素を、太子講によって補ったという見方が可能ではないだろうか。

　　| 太子講の変化 |　このように、組合の登場や契約の変化により、太子講もまた変化することになる。その変化は、ごく近隣の事例であっても、それぞれの講の主体のありようによって様相が異なる。『市川市史　民俗編』から千葉県市川市で行われている2つの太子講について見ることにしよう。

　市川市平田はかつての千葉街道沿いにあり、都心への通勤も便利な住宅地となっている。ここの聖徳太子堂で太子講が開かれる。この太子堂は、かつては簡便な祠に聖徳太子の石像が祀られていただけのものであったが、住民の一人が菩提寺の陽雲寺（同市中山、日蓮宗）にその維持保存について相談し、結果陽雲寺の別院に位置づけられ、堂宇が建立された。現在の太子堂はこれを平成5（1993）年

に建て替えたものである。この建て替えには、地域の人びとが気軽に参拝できるようにという目的もあった。このとき、建て替えにかかわった職人や建築士、陽雲寺の檀家によって結成されたのが現在の平田太子講である。

　正月・5月・9月の22日および聖徳太子の命日とされる2月22日に聖徳太子講を、また10月の第3日曜日には「聖徳太子堂大祭」を行う。読経・祈禱とその後の親睦目的の会合がその内容であるが、大祭には子ども向けにお菓子や塗り絵を用意して参拝してもらっている。このように、聖徳太子堂再興の経緯から、職人と住民とが協同する集団として講が成立し、地域の行事となっているのが平田太子講の特徴である。

　一方、江戸川沿いの相之川の日枝神社では、毎年1月中の日曜日に市川市南部建築業組合による太子講が行われている。この組合は市川市南部を中心にした家作・建築にかかわる職人のオヤカタで構成されている。太子講当日は組合所有の聖徳太子像の掛軸が拝殿に祀られ、神事を行う。その後、組合員たちが親睦旅行に出発するのが恒例である。萩原法子によると、この太子講は組合の役員が組合長の家に集まって開くものであった（萩原 [1985]）。場所は変われど、組合員の安全と発展を目的とした神事と親睦を促す行事によって継続している、組合の行事としての太子講とみることができる。

　このように、太子講を地域の行事とする事例と、場所を神社に移しながらも同業者の組合の行事とする事例が、近隣の地域で併存しているのである。講の位置づけは、顔の見える範囲の「地域」で起きる変化に応じて変わっていくということが看取できる。

| 漁業をめぐる
信仰の多層性 | 次に漁業をめぐる信仰と講との関係をみてみよう。 |

漁業と一口にいっても、自給的な漁業から企業組織までさまざまな種類があり、信仰のあり方もそれに応じて変わってくる。筆者が調査したところでは、自給的漁業では信仰対象が地域的なものに限られるのに対し、企業の経営者である遠洋漁業船の船主は広域に多くの参拝対象をもつと考えられる。したがって、講の位置づけもその地域で盛んな漁業の形態によって変わってくる。

三重県鳥羽市の答志を例にとってみよう。答志は答志島の東岸にある。釣り漁業、海藻養殖、タコツボ、そして海女による採貝など多様な漁業が行われる。一方で、大型船がない。このため、多くの人が複数の漁業を組み合わせて家族経営の漁業を営むという特徴がある。ここには多層的な漁業信仰が存在する。

答志では年に一度神祭という祭礼が行われる。答志の氏神である八幡神社の祭礼であるが、土地柄を反映して海との関わりが強い。そのことは、神祭の中心である弓射に用いられるお的に象徴される。お的は若者からなるお的衆が海で垢離をとりながら、消し炭と黒ノリで作るのである。祭礼の最後に、このお的を持ったお的衆が舞台に駆け込んでくる。旧暦で祭礼が行われていたときは、この時がちょうど海が上げ潮になる時間であった。このため神祭は「潮時の祭り」ととらえられていた。ネギドンと呼ばれる神社の禰宜が弓を放つ所作をするとお的衆はお的を置いて走り去り、待ちかまえた参詣者がこのお的の炭を奪い合う。この炭で㊇の字を書くと災難除けになるとされる。漁業関係者は船や漁具小屋などに㊇の字を書く。これは漁業関係者以外も参加する地区の行事であるが、海で黒ノリを使って作るお的、「潮時の祭り」という観念に明らかなように、答志の漁業と切り離せない関係がある祭礼である。

旧暦では、神祭と同じ日が、鳥羽市の青峯山正福寺（真言宗）の例大祭、お船祭の日である。正福寺の例大祭は現在でも旧暦1月18日で行われている。正福寺は太平洋岸の主な漁業基地のある地域から広い範囲で海上安全の信仰を集める寺院である。とくに地元の志摩半島から紀伊半島東岸の漁業関係者ははこの例大祭に必ずといっていいほど参拝する。海上安全を祈ることから、答志では「船を持つものは必ず」といわれ、漁業関係者のほか釣船経営など船に関わる生業の人びとが参拝する。

　木造船の時代、神祭と同じ日が例大祭であることから、答志の人びとは旧暦1月15日を参拝の日と定めていた。親しい人が集まって新造船に乗りあわせていく習わしであった。答志から多くの新造船が乗りつける光景から、鳥羽では「今日は答志の青峯山」といわれたという。漁船のFRP化で新造船が少ない現在では、例大祭前後の日に市営船で参拝に行くように変わったが、やはり親しい人が集まって参拝している。

　地区の行事である神祭、「船を持つものは必ず」参拝する青峯山は、答志の漁業者の誰にも共通する信仰であって、そのため親しい人どうしが集まることはあっても、信仰を目的とした集団を作る必要はない。一方で、人によって選択される信仰対象もある。

　その一例は、同じ漁業を行う仲間どうしが集まって他の漁業にない信仰対象をもつ場合である。答志では、タコツボ漁師の豊川稲荷（豊川吒枳尼眞天、曹洞宗妙厳寺の鎮守）参拝や、サワラ流し網漁師の伏見稲荷参拝がこれにあたる。稲荷は五穀豊穣の農業神、商売繁盛の商業神としての性格もあるが、漁村では漁業の神としてよく祀られている存在でもある。

　タコツボ漁師の場合を例にとろう。タコツボ漁師は漁業協同組合

写真 3-1-1　豊川吒枳尼眞天 (稲荷)

のタコツボ部会に所属している。定期的な会合のほか、タコの産卵場所としてタコツボを海底に設置する共同作業がある。こうした共同の場をもつことが、タコツボ漁師だけで独自の参拝対象をもつ基盤にある。

　漁業の種類によっては漁期始め、漁期終わりなどが参拝のタイミングとして意識されるところであるが、答志のタコツボ漁は周年可能であり、また前述のように複数の漁業を組み合わせる答志の特徴から、タコツボの漁期は人により異なる。そこで、漁の休み日であり、なおかつ島を離れることが可能という条件から、天王祭の日を参拝日としている。答志の天王祭は魔除けの飾り物が主であるため、日中は時間がとれるのである。タコツボ漁師は天王祭の日に、部会の役職者か、船を新造した人がいる場合はその船に乗りあわせて蒲郡に行き、ここからは蒲郡の無線業者の世話で、バスで豊川稲荷に参拝する。この無線業者は答志の人たちとは昔から取引のあるなじみの業者である。同じ漁業に取り組む仲間の共同性を背景に、仕事でつながりのある人の世話になって参拝するというのが、答志のタコツボ漁師の豊川参拝の特徴である。

　そして、地域の誰にでも共通する信仰でもなく、同じ漁業の基盤をもつわけでもないという、任意性の高い集団による、任意性の高

い信仰と位置づけられるのが、講による信貴山朝護孫子寺（真言宗）参拝である。信貴山朝護孫子寺は奈良・大阪県境をなす生駒山地の南端にある。聖徳太子が感得したとされる毘沙門天を祀り、多くの現世利益の願いに応える祈禱を中心とした信仰に特徴がある。

信貴山に参拝する答志の講は、信貴山と答志から一字ずつをとって信答講と称している。昭和のはじめ頃、腸チフスからの快復を経験した漁師が講元とな

写真 3-1-2　信貴山朝護孫子寺

り作られた。現在では、毎年バス1台分くらいを定員としてくじ引きで参拝者を決め、代参を行っている。

信答講の講員は、昭和初期の創設後、口コミで集まった人たちである。信貴山への旅の楽しさ、信貴山の効験の強さなど、そこではさまざまな経験が信答講の評判となったであろう。口コミであるから、よく話をするような親しい人から親しい人へと広がるわけである。ここで、答志の場合に看過できない要素が、未婚男性の若者が共同生活を送る寝屋の存在である。同じ寝屋で過ごした仲間を朋輩と呼び、生涯強い関係を結ぶ。現在の講元は三代目であるが、今の代で新たに加入した講員にも朋輩がいるという。つまり、朋輩へ、その親類縁者へ、そこからさらに親しい人々へ、という広がりをもつのが答志の特徴である。信貴山の信仰は海上安全・大漁満足に

限ったものではないが、親しい仲間の口コミから、選択的に加える信仰であるという点に、講による参拝の意味がある。

　このように、答志の場合、講に与えられている位置づけは、口コミをベースにした仲間による、選択的な信仰である、ということになる。答志の漁業信仰の多層性を前提にした場合、講に求められるのは、任意性の高い集団であること、口コミが通じるような気心の知れた仲間による集団であることだと考えることができる。

| 地域による講の |
| 位置づけの変化 |

　一方、同じ漁業に関する信仰でも、これとは対照的な位置づけを講に与えている場合もある。先にも指摘したように、講の位置づけは顔の見える範囲の「地域」で起きる変化に応じて変わるのである。ここでは阿部友紀の論考（阿部［2008］）をもとに、山形県鶴岡市の善宝寺（曹洞宗）の場合をみてみよう。

　善宝寺は、新潟県から北海道にかけて、日本海側で海上安全・大漁満足の信仰を集めている。その特徴は、寺院側から信徒組織としての龍王講を形成したところにある。発足は昭和43（1968）年、背景には戦争により自然消滅した信徒組織の復興を図るねらいがあった。善宝寺住職を講長とし、県・地方単位で担当僧侶を置く。担当僧侶は各地区選出の役員と連絡を取りあい、担当地区から参拝のある場合は、祈禱、宿泊の手配をする。役員のもとに各講の代表者と講員が置かれるという体制である。善宝寺に参拝する集団が、すべて寺院側によって龍王講と位置づけられているのであるから、さまざまな性格の集団が龍王講に含まれることになった。企業も、地縁的な集団も龍王講になるのである。善宝寺に関する先行研究にみられる、シャーマン的性格をもつ講元が中心となった龍王講も、その一部である。

漁業関係では、漁協、定置網組合、水産組合、船主会や水産加工などの漁業関係企業が、参拝する集団ごとに一つの龍王講とみなされることになる。つまり、こうした組合・企業を通じた、きわめて共通性の高い信仰の位置に講が置かれているわけである。この位置づけは、答志の場合でいえば青峯山にあたる。ただし、龍王講が組織が整えられた集団であるために、代表者の参拝と祈禱札の配布という形が基本であり、自分自身が参拝する機会は少ない。では、善宝寺信仰のある地域では、信答講のような任意性の高い、選択的な信仰はどうなっているのであろうか。

　同じ善宝寺に祈願をするのでも、龍王講によって代表者の参拝で祈禱札を手に入れるのではなく、時に非講員を含む仲間数人で参拝することがある。新潟県ではこれを善宝寺講と呼んで龍王講と区別している地域もある。こうした龍王講によらない参拝の目的を、阿部は次の４点に整理する。すなわち、①漁の節目に大漁・安全を祈願する、②不漁・荒天時に参拝する、③海難時のお礼参り、④不可解なできごとに遭った場合の参拝である。阿部はこれらの目的を龍王講による参拝と対比し、龍王講による公的な参拝はいいことがあるよう祈る招福的機能、龍王講によらない私的な参拝は悪いことが起きないよう祈る除災的機能の傾向があることを指摘する。

　さらに阿部は、龍王講員の一部に「龍王講の祈禱札は効かないが個人で祈禱してもらった札はよく効く」という考えがあることをあげる。講員が一律の祈禱料で申し込む漁協＝龍王講による参拝よりも、場合によっては高額の祈禱料も辞さない個人の参拝の方が効くという発想である。その背景には、沿岸漁業の小規模経営を主とする、ということは実は同じ龍王講に属する組合員どうしが競争相手になっている地域性があると阿部は指摘する。

つまり、小規模な沿岸漁業に従事する漁業者が多くいる地域性と、誰もに共通する信仰の位置に講が置かれたという善宝寺の信仰圏の特徴が合わさった結果、答志の信答講とは対照的に、同じ信仰対象であっても講によらず参拝することが、選択的な信仰として重視される状況が生まれたのである。そして、その選択的な信仰は数人の仲間というような密接なつながりのなかで共有されるのである。

　このように、漁業をめぐる環境、信仰をめぐる環境が、その地域ごとの講の位置づけを変化させ、講に求めるのがどのような人のつながりによる信仰であるのかは、地域性によって決まってくるのである。

| 職縁の広がり |

さて、先に答志のタコツボ漁師による豊川参拝をみたが、これは生業を同じくするものが集まり、信仰をも共有するという点で職縁による信仰であるといえる。ただし、参拝の世話をする存在として漁師と取引する無線業者がいたように、ここでの職縁は同業者だけがつながるものではなく、取引先のような周辺の人も含むつながりであったことに注意してみたい。

　このような、同業者どうしのつながりをベースに、その周辺にまで広がる職縁のあり方は、乾賢太郎による高尾山の講の研究に見出すことができる（乾［2013]）。高尾山の山麓を中心に営業する商店が集まった高尾山商店会を母体とした、琵琶滝不動講という講がある。山内の琵琶滝を信仰対象とする講で、琵琶滝の滝びらき、滝じまいに参拝するのは、護法会、琵琶滝二十八日講とこの琵琶滝不動講だけであり、この場に参拝するのはある種の特権といえる。

　琵琶滝不動講は、山麓の茶屋の店主がこの滝を深く信仰し、近隣の７〜８軒ほどに声をかけたのがその始まりである。つまり、最初の段階では生業を同じくする集団であった。それがやがて、山麓の

発展とともに講員となる商店主が増え、現在では商店会員ではない、会社勤めの人も加わるようになっている。参加者は人づてに自然に加わっていったものであるという。

　これに対し、建築関係の職人たちが中心となっている八王子高尾講は、積極的に生業の異なる講員も加えていった事例である。発足の経緯にはつまびらかでないところもあるが、浅草田原町の団扇講を八王子に移したのをルーツとし、戦時中廃絶したものを昭和25（1950）年、薬王院の呼びかけに応じた出入りの経師職人が発起して作られたものと考えられる。

　毎年5月第1日曜日に団体参拝、護摩祈禱を受けることを活動の中心とし、元旦の迎光祭、2月の節分には希望者を募り参加する。また、3月の火渡り祭では、講元が講員の希望者から「なで木」を集め持参している。「なで木」は体の悪いところをなで、火渡り祭の柴燈護摩に投じて治癒を祈るものである。

　5月の団体参拝に際しては、14人の世話人が講社参拝の募集をかけ、人を集める。昭和44（1969）年ごろから信仰面に限らず、「高尾山では一日楽しめる」と宣伝が行われた。こうして講員が増えていった経緯がある一方、現在では世話人が高齢化して参加できなくなることに伴い講員が減少するということが起きている。乾はこの原因を「世話人に付いている人たちも講社で参拝しなくなった」（乾［2013：246］）と表現する。八王子高尾講の講員になるのであるが、世話人に勧誘されて加入した人びとには、世話人に「付いている」意識があり、その世話人が参拝しなくなることで講に参加する動機を失うのである。

　このことは世話人の特性と深くかかわっている。八王子高尾講の世話人たちは大工、鳶、瓦屋、板金屋、左官、畳屋、水道屋、内装

店、表具屋などの職人であり、彼らが勧誘するのはその顧客たちである。ゆえに、勧誘を受けて新規に加入した講員にとっては、世話人との関係が重要なのである。乾は「職人の技術の高さやネットワークの広さを駆使して、参拝者を獲得する腕前も職人の裁量」と指摘する（乾 [2013：251]）。こうした職人の生業上の特性が、職縁の範囲を同業者の周辺に広げ、そのネットワークは講という形で表現されるのである。ここには、単なる同業者集団と、講との違いが表れているといえよう。

| 多層的な信仰と
| 人のつながり | 本章では、講に期待される役割、特性を生業を機軸として分析した。太子講では、経済的機能と信仰的機能をあわせもつ同業者のつながりの場としての性質から、時代の変化とともに信仰的機能に傾いている様相がみえた。そのなかで、職人たちと地域住民が共同する市川市平田のような新しい形態もみえた。これは職縁が同業者の枠を超えて広がりをみせるという点で、高尾山の琵琶滝不動講、八王子高尾講のあり様に通じるところがあったということができる。答志の場合は、タコツボ漁師の豊川参拝と信答講の併存に着目するなら、同業のつながりとは異なる、気心の知れた仲間どうしのつながりを求めるのが講の位置づけであった。その関係は口コミで仲間が増える、というところが重要な点である。口コミで広がるつながりを講に求めるという点は、やはり高尾山の 2 つの講にも共通するところである。

　一方、善宝寺では、寺院側が信徒組織として講を使う、ということがその信仰圏の講のあり方を規定していた。ゆえに、講から外れた部分、少数の仲間との私的な、個人的な参拝の方により強い効験を求めるという傾向がみられたのである。その背景には、小規模経営を主とする漁業の形態があった。つまり、講に求める役割、講に

期待する人のつながりは、生業をめぐる環境と、信仰をめぐる環境の両方の影響を受けて、地域ごとに変化していくということが、信答講のもつ役割と、龍王講のもつ役割の違いから明らかになった。

ここに、講を素材に人のつながりを考えるうえでの手がかりを見出すことができるであろう。漁業に顕著なように、生業にかかわる信仰は多層的なものである。それは、異なる範囲の人のつながりのなかで共有される信仰の重なりととらえることができる。同じ目的であっても様相の異なる複数の人のつながりを求めるというところから、「講的人間結合」、講的な人のつながりがもつ意味を考えてみることが必要である。

●引用・参考文献

阿部友紀（2008）「効く祈願と効かない祈願―善宝寺龍王講にみる『ご利益』観―」『東北民俗』42　東北民俗の会　23-30頁

市川市史民俗編編集委員会編（2020）『市川市史　民俗編―台地・町・海辺の暮らしと伝承―』　市川市

乾賢太郎（2013）「職縁が結ぶ参拝講―八王子市内の高尾山講を事例に―」長谷部八朗編著『「講」研究の可能性』　慶友社

駒井鋼之助（1967）「三州瓦の起源と太子講」『歴史考古』15　日本歴史考古学会　1-7頁

桜井徳太郎（1962）『講集団成立過程の研究』　吉川弘文館

佐藤正彦（1993）「長崎県平戸市の太子講と建設業組合」『産業経営研究所報』25　九州産業大学　39-91頁

髙木大祐（2016）「答志の漁業と信答講―漁業民俗と講の相関をめぐって―」長谷部八朗編著『「講」研究の可能性Ⅲ』　慶友社

萩原法子（1985）『いちかわ民俗誌』　崙書房

第2章

芸能をめぐる講
（鈴木昴太）

祭りと芸能　文部省唱歌の「村まつり」をご存知だろうか。この歌は、明治45（1912）年に現在の小学3年生用の教科書に採用されてから平成22（2010）年まで、およそ100年にわたって学校で歌い継がれてきた。

村の鎮守の　神様の

今日はめでたい　御祭日

ドンドンヒャララ　ドンヒャララ

ドンドンヒャララ　ドンヒャララ

朝から聞こえる　笛太鼓

　この歌に示されているように、全国各地の祭りでは、笛や太鼓などによる音楽や芸能が奏されることが多い。

　これは地域の人びとが自ら演ずる芸能であるが、特別な休日には歌舞伎や落語などを町の芝居小屋や寄席へ観に行ったり、祭日に合わせて訪れた旅回りの一座の興行を観に行ったりと、芸能をなりわいとする人びとの働きにより、意外と庶民の身近に芸能は多く存在していた。日々忙しく働く人びとにとって、生活に彩りを添える芸能はなくてはならないものであったといえる。

　そのため各地の人びとは、娯楽や信仰などさまざまな目的のため、いろいろな人と関係を取り結び、芸能に親しむ機会を作ってきた。こうした芸能に関連する領域にも、「講」の姿がみられる。

| 太々講の類型 | 芸能にかかわる講の事例として、まず取り上げたいのが「太々講」である。太々講は、神社に神楽を奉納するための組織で、江戸時代以降に各地で結成された。講が神社に参拝し、御師や神職などの宗教者に神楽を演じてもらうことは、津島神社（愛知）、武蔵御嶽神社（東京）、榛名神社（群馬）などで現在もみられる。

　講の名称である「太々」は、太々神楽という神楽の名称に由来する。奉納を受ける神社は、依頼者が奉納する賽銭（神楽料）の多寡により、小・大・大々（太々）など等級をつけて神楽の規模の違いを明示した。太々神楽は、講社が奉納する神楽のなかで最上の形式であり、後には神社への奉納神楽の美称（一般名詞）としても用いられた（渡辺［1979：63］）。

　太々神楽の制度は、中世から近世への移行期に伊勢で成立した。それまで神楽は、貴族や武将などの上流階級が神楽料を寄進して奉納するものであったが、近世になると庶民が講というつながりのもと金を出しあい、共同祈願のかたちで奉納できるようになった。こうした庶民への神楽の解放に伴い、神楽の商品化がなされ、御師などの宗教者は積極的に神楽の奉納であり講の結成を奨励していく。その後、伊勢で生まれた太々神楽の方式は、熱田神宮（愛知）や氷川神社（埼玉）など各地の神社へ広まり、さまざまなかたちで太々講・神楽講が結成されていった（渡辺［1979：66-78］）。

　こうした太々講は、その歴史や形態から大きく３つに分類できる。

　１つ目は、普段から神社と関係を取り結んでいる代参講が神楽を奉納する事例である。たとえば、武州御嶽講では、毎年数人ずつ参拝する代参講の講員すべてが参拝する（それを満講という）と、新たに講の組織替えが行われる。組織替えの年には、講員全員が山に

登って太々神楽を奉納することが多く、そうした講社は太々講（太々神楽講中）と総称されている（西海 [1983：218]）。

　2つ目は、神社などからの勧誘に応じて新たに結成された事例である。江戸時代には、太々神楽の奉納を目的とする太々講や万人講への勧誘文書が多く摺られ、各地へ配布された。願主（発起人）は、地域の有力者など一般人のほか、神社の神職や御師が務めることもあった。その趣旨に賛同した者は、1口ずつ出資して講に加入し、講金を積み立てて神楽の奉納へ赴いたり、それが叶わない場合は神楽の奉納がなされた証として御祓や御札が送付されてきた。萩原進は、群馬県下の資料に基づいて太々神楽講を分析し、この講は神社が神楽を道具として合法的に金銭を集めようとするものだと指摘している（萩原 [1957：81]）。

　3つ目は、現在も演じられている民俗芸能の演者組織の事例である。近世以降の有名社寺での太々神楽の盛行に伴い、各地で伝承されている神楽を、太々神楽と呼ぶ慣行が生まれていった。そのため、地域の人びとが地元の神社に太々神楽を奉納するための組織を、太々講と呼ぶ事例が現在も存在している。こうした組織は、東北・関東・中部地方に多くみられる（渡辺 [1979：78-80]）。

　　⎡伊勢太々講⎤　こうした整理をもとに、本節では2つ目の例として、伊勢神宮に太々神楽を奉納するために結成された「伊勢太々講」を紹介する。

　江戸時代後期の国学者であり考証学者の喜多村信節が、江戸の風俗習慣などについて書き残した『嬉遊笑覧』（文政13 [1830] 年成立）には、「伊勢太々講　今世町人等人数を定め醵銀を集め是を積み手を経て伊勢に参宮し太々神楽を奉る費用を設くるを太々講といふ」（喜多村 [1932：496]）とある。江戸の町中でも、遠く離れた伊

勢神宮に神楽を奉納するために金を積み立てる「太々講」が結成されていたことがわかる。

こうした太々講による神楽奉納は、江戸時代の人びとにとってはよく知られた話題であった。たとえば、寛政8（1796）年に初演された歌舞伎『伊勢音頭恋寝刃』には、御師宅での太々神楽奉納を題材とする「太々講の場」がある。舞台は福岡孫太夫という伊勢御師の屋敷内で、講中から奉納された金百両で太々神楽が執行されている。その後、主人公で孫太夫養子の福岡貢と留守を守る弟の猿田彦太夫・甥の正太夫などとの間で、奉納金百両をめぐるドタバタ劇が繰り広げられるが、巫女が鈴と扇を持って舞ったり、講頭が桶より銭を出して蒔銭を行ったりと、当時の風俗が反映された演出がなされている（戸板 [1956：98-121]）。

これはあくまでも劇中（フィクション）の話であるが、当時の人びとはどうやって神楽の奉納を実現していたのだろうか。実際の太々講の姿を、神奈川県厚木市恩名地区和田家文書（「恩名村伊勢太々講神楽金頼母子講加入仕方帳」など）により見ていこう。

嘉永2（1849）年、恩名村の平七ほか5人が世話人となり、神楽金を積み立てるための「頼母子講（伊勢太々講）」が設立された。この講には、1口・金1分で23人が加入し、年に4度会（日待）が開催される決まりであった。嘉永2年6月21日に初会が開催され、集められた講金は、御神酒や白米・豆腐など会の経費を差し引いた残金（5両）が積み立てられた。その後、会を重ねて講金が積み立てられると、安政3（1856）年正月4日、くじに当籤した友右衛門・清右衛門の2名が代参へ出発した。旅行の詳細はわからないが、厚木から伊勢への旅費や太々神楽奉納金（御師神楽金）など、2人合わせて金35両2分5朱と1200文が経費としてかかった。その後

太々講は、代参の経費などを清算し、安政3年6月18日に解散した。

　このように、恩名村の太々講（頼母子講）では、無事太々神楽の奉納が成就したわけだが、積み立て途中で講から退会する者も生じていた。恩名村の勘左衛門は、嘉永2年から伊勢講員となっていたが、生計に困窮したため無理をいって退会することになり、安政元（1854）年の退会時には掛金が清算された（厚木市教育委員会社会教育部文化財保護課文化財保護係 [2014：487-500]）。

　以上のように、太々講は、太々神楽の奉納を目的として一定期間資金を積み立てる組織で、講仲間はその運用に共同で責任を負っていた。そのため、村落社会の構成員により長期間継続されるのではなく、神楽奉納という目的が達せられれば解散された。現在の感覚からすると投資信託に近い金融商品なのだといえよう。

　　| 歌舞伎を演 |
　　| じる万人講 |　伊勢参宮など外の世界への旅の経験は、新しい文化を村へもたらし、それがために新たな講の結成をもたらすこともあった。

　そうした新たな文化の一つが、江戸時代の民衆から大きな人気を得ていた歌舞伎（芝居）である。歌舞伎の本場は、江戸や上方など都市の芝居小屋であったが、その魅力は地方へも浸透し、各地の人びとは歌舞伎の情報を求め、旅回りの劇団を雇ったり自ら演じたりしていた。たとえば、福島県檜枝岐村で村人たちが演じてきた檜枝岐歌舞伎は、伊勢参宮の帰りに江戸で見た歌舞伎を見よう見まねで伝えたことに始まるとされている（景山 [1990：271]）。

　こうした地方の村々で上演される歌舞伎は、「村芝居」「農村歌舞伎」と呼ばれている。そのため社寺の境内には、歌舞伎や人形浄瑠璃などを演じるための農村舞台が設置されていることがよくあり、

昭和46（1971）年に出された『農村舞台の総合的研究』（角田一郎編、桜楓社、90頁）によると、全国には現存・廃絶、常設・仮設を含めて1921棟が存在していた。各地で盛んに歌舞伎が演じられていたことがわかるが、村芝居には上演形態の違いがあった。中央からプロの役者を呼んで興行する「買芝居」と、村人自らが社寺の祭礼の折に演者や裏方を務めて歌舞伎を演じる「地芝居」である。

　こうした地芝居を演じるために、現在の愛知県東部から静岡県西部では「万人講」と呼ばれる組織が結成されていた。

　万人講は、素人の村人が社寺の祭礼などで地芝居を演ずるための組織で、メンバーから集めたお金で代表者を都市の歌舞伎見物や芸の習得に派遣した。代表者は、帰ってくると仲間に習得した演目を伝え、地元で地芝居の上演を行った。こうした集落ごとに結成された万人講のほかに、各集落の芸達者な人びとが集まって一座を組み、近隣の村から招かれて歌舞伎を上演してまわったタイプの万人講も存在していた（安田［2019：229]）。

　こうした地区の垣根を越えた地芝居愛好者の研鑽、上演組織となった万人講の事例として、愛知県豊田市小原地区の「小原万人講」を紹介する。小原万人講は、メンバーの年代や活動期間から、明治中期から大正中期の第一万人講、大正中期から昭和25（1950）年頃の第二万人講、その後の第三万人講という3期に分けられる。それぞれの世代には中心人物がおり、近郷に在住する専業役者の弟子として芸名をもらい、芸を習得した者が万人講の師匠となって、仲間を指導した。メンバーは40〜50人に達したこともあるが、その中から20人程度が公演に赴いた。活動範囲は、地元小原地区の近隣に留まらず、愛知県旧東加茂郡や岐阜県旧恵那郡南部まで遠征して芝居を演じていた。また、万人講のメンバーは、各地区での

地芝居上演における振付師として単独で招請されることもあった。このように小原万人講のメンバーは、歌舞伎の演者集団として盛んに活動していたが、彼らはあくまでも農業を主とする兼業の役者であり、万人講は農閑期の趣味を兼ねた歌舞伎のセミプロ集団であった（豊田市郷土資料館［2011：35］）。

　このように盛んに活動していた小原万人講であったが、地域の過疎化や娯楽の多様化などによる上演機会の減少により、昭和35（1960）年の公演をもって活動は終了してしまった。

　しかしながら、近代の農村において歌舞伎を運営・上演する集団が、万人講を名乗っていたことは注目すべき点である。自分たちで地芝居を演ずることは、旅回りの一座を雇う買芝居と比べると、非常な労力と金銭が必要とされるものであった。そのためには、文字通り「万人」の協力を得てみなで負担しあわなければいけない。その点において、目的を共有する者たちのゆるやかな結合である講の形式は、適したものであった。

獅子講中　社寺の祭礼ではさまざまな芸能が奉納されるが、そのひとつに三匹獅子舞がある。三匹獅子舞は、1人が1頭の獅子を演じる一人立ちの獅子舞で、3人1組の演者は獅子頭をかぶり、お腹に付けた太鼓を両手に持ったバチで叩きながら舞う。関東地方を中心とした東日本に広く分布する芸能で、「獅子舞」「ささら」「鞨鼓舞」など地域によってさまざまに呼ばれている。

　その1つとして、千葉県松戸市上本郷に伝承される「上本郷三匹獅子舞」を紹介する。この獅子舞は、毎年10月に地区に所在する風早神社と明治神社の境内で舞われる。上本郷には、5つの町会があるが、町会とは独立した神社の奉賛会が氏子組織となっている。祭りに際しては、氏子が持ち回りでムラヤク（御膳番・宮掃除・灯明

番）を担うが、彼らは獅子舞には携わらない（松戸市立博物館［1994：27-34]）。

　獅子舞を直接維持しているのは、「ワカイシュ」とも呼ばれる「獅子講中」である。かつては、芸の流出を防ぐという意味もあり、地区の家の長男（家の相続人）だけが獅子舞を舞うことができ、次男・三男は手伝いしかできなかった。そのため、平成4（1992）年当時の講中も、長男のみで構成されていた。組織は、年齢階梯制をとっており、地区に生まれた長男は、14～16歳でナライッパナシ（見習い）として講中へ加入し、翌年から獅子舞の舞子を6年間務める。その後は実演から離れ、数年ずつ補欠・支度番・世話人・大世話人といった指導・裏方の立場を務めてから、40歳になると引退して講を抜ける。引退後には、笛吹きとして獅子舞にかかわることもあるが、笛吹きは獅子講中とは別の立場だと認識されている（松戸市立博物館［1994：27-34]）。

　このように上本郷の獅子舞は、集落の若者（長男）が担う芸能である。獅子講中には厳しい加入制限があり、獅子舞を舞うことは、長男の特権であり義務であった。彼らは、獅子講中に加入し獅子舞を舞うことで、地域社会で生きていくうえで必要な人間関係（つながり）を構築し、自らの社会的地位を確立していたのである。また、獅子舞の活動中には、長時間の稽古に耐えたり、活動中に組の先輩から礼節を学んだりするなど、若者の通過儀礼としての意味もあった（松戸市立博物館［1994：156]）。

| 神楽講中 | 大乗神楽は、岩手県北上・花巻市内（旧陸奥国和賀郡）に所在する23団体により伝承されている。神 |

楽の演目は、笛や太鼓などの奏楽に合わせてさまざまな演目を舞う「幕神楽」と、神霊の依り代である獅子頭を遊ばせて祈禱を行う

「権現舞」の2つに大別できる。現在神楽団は、依頼に応じて神社の祭礼や芸能大会などで幕神楽を演じるとともに、地域の火防祭などで獅子頭を奉じて家々を祈禱してまわる門付けを行っている。かつては、それぞれの地元での活動に加え、近隣の他村から依頼を受けて神楽を興行したり、秋田との県境に近い西和賀方面へ数週間から2ヶ月ほど遠征して巡演することもあった。

　現在の大乗神楽の祖型は、旧修験家に残される近世後期の歴史資料に見出せる。この頃には、和賀郡の修験者が神楽を演じたり、配下を引き連れて旦那場の家の門付けで獅子舞を舞っていた。明治になると、多くの修験者が神楽から離れた一方で、旧修験から一般家庭出身者に神楽の伝授が行われた。その後は、一般家庭出身の氏子が中心となり、現在まで神楽が伝承されている（鈴木［2021］）。

　こうした歴史的展開のなかで、明治以降に氏子たちが結成した神楽の演者集団の一つが、「神楽講中」「神楽講契約会」である。その結成時の誓約書が、北上市更木地区の平野牧郎氏蔵「神楽契約書」（明治31［1898］年）（北上市文化遺産活性化実行委員会［2018b：334]）である。本資料によると、講仲間が相談のうえ、隣の村崎野村で神楽を伝承していた2人の先生から神楽の伝授を受け、天神神楽という新たな神楽団が創設された。神楽講中には、頭取1名のほか世話人1名とヒラの神楽衆10名が所属していた。この時に加入した11人は、神楽を演ずるために契約を取り結び、頭取や年長者の指図に従って規則を守ることを、各人が拇印を押して頭取に誓約している。

　この神楽講中の興味深いところは、神楽を演じるために「契約」を取り結んでいる点である。先行研究によると、和賀地方では複数の小字に属する数十軒が加入して契約講が結成されていた。契約講

には、一定地域の全戸の当主か跡継ぎの長男が加入するのが基本である。主要な目的は、屋根葺の互助協同（萱無尽（かや））であったが、用水管理や夜警など地域生活を円滑にするための活動のほかに、ひな子剣舞や田植踊りの伝承組織にもなっていた（高橋［1992：76］）。神楽講契約会も、こうした契約講の構成原理である「契約」という方法から影響を受けていることが推察される。ただし、地域社会を維持するためにさまざまな目的を契約しあう地縁組織の契約講に対し、神楽講は、神楽を演じるという単一の目的ために契約する人びとの集団である。そのため神楽講は、ある一定地域の人びとが全戸加入する地縁組織ではなく、神楽の技能をもつ人びとの有志の組織であった。

こうした神楽講の特徴として、資産の所有と収益に与（あずか）る権利という点を指摘できる。才ノ羽々神楽蔵（さいのはば）「小原文秉遺言状」（昭和45〔1970〕年）（北上市文化遺産活性化実行委員会編［2018b：336］）は、かつて才ノ羽々神楽団に加入していた齢91歳の小原文秉氏が、休止状態に陥っていた才ノ羽々神楽団の遺産（神楽面や太鼓などの神楽道具）の処遇を示した遺言書である。小原氏は、当時の講仲間で唯一の生存者として既得権を発揮し、同僚の残した遺産を相続したうえで、かつての団員の遺族に譲渡することを指示した。

この資料からわかるのは、講仲間になると神楽団の資産や収入に関して一定の権利をもつと認識されていることである。先述したように、この地方の神楽団は、遠隔地に巡業したり、地域の家々の門付けを行っていた。そこでは、芸能の奉納に対する初穂・花代というかたちで依頼者との間に金銭のやりとりが生じる。つまり、神楽講の人びとは、芸能を演じることで収益を得ることができたのである。神楽講として集団で得た収益は、所定の割合で個人に分配され

ることもあり、講員はそれに与る権利を有していた。また、収益は
講の資産としてプールされ、道具の購入や修理に使用されるほか、
神社の改修や地域で共有する膳椀の購入など地域の一大事の際には、
地縁組織の契約講などに寄付されることもあった。

　このように神楽講は、神楽を演ずるために有志の人びとが契約を
取り結んで結成する組織で、神楽から生まれる収益や神楽を演ずる
ための資産（道具）を所有していた。そのため、活動の本拠地から
は社会的・経済的に独立しており、人びとは神楽という職業上のつ
ながりに基づいて結集していた。

講の終焉・変質・再生　これまで、芸能にかかわる講の事例をいくつか紹介
してきた。その形態は、江戸時代から現代にわたる
まで広くみられるものである。しかし、紹介した組織がそのままの
形で現在に続いているという事例は非常に少ない。講の関係者が住
む地域社会や寺社をとりまく社会状況が、高度経済成長期以降に大
きく変化を遂げたからである。

　こうした時代変化により、講が解散したり、組織の名称が変わっ
たり、組織の内実が変化したりすることが多く生じた。そのきっか
けを作ったのが、国や地方自治体による文化財指定である。

　俵木悟によると、昭和35年前後に地方自治体による民俗芸能の
文化財指定が進められ、各地で保存会の結成が推進されていった。
その背景には、民俗芸能の文化財指定に伴う行政上の手続きとして、
その文化財の保持者を定めることを求める規定が存在していた（俵
木［2018：108］）。

　こうした文化財指定という外からの価値づけは、芸能が伝承され
ている地域の人びとの意識を変えていった。芸能が、地域社会の人
びとにとって大事な伝統だと再認識され、「保存」すべきものと考

えられるようになったのである。その結果、危機にある文化を守り伝えていくために「保存会」という名称の組織が各地で結成された。

たとえば、先述したように小原万人講は、昭和35年をもって活動を止めた。その後、昭和48 (1973) 年に「小原歌舞伎愛好会」として復活し、昭和50 (1975) 年には「小原歌舞伎保存会」となって現在まで活動を続けている。復活の背景には、集中豪雨からの災害復興や地域文化の振興などがあったが、平成元 (1989) 年には村の無形民俗文化財に指定されるなど地域独自の財産として地芝居が評価されるようになった。その後、村役場や学校など地域の公共セクターとの関係が深まり、町おこし、観光活用、郷土教育という面でも活躍している (景山 [1990：585-604])。

近年における地芝居復活の動向を整理した舘野太朗は、昭和39 (1964) 年には地芝居の上演地域が16ヶ所しかなかったのが、平成23 (2011) 年には195ヶ所へと激増したことを示した。そのうえで、歌舞伎の背後にある地域性や伝統が注目されたことで、歌舞伎が娯楽から教養へと変質し、復活や新興が進んだと指摘している (舘野 [2020：42-47])。こうした地域社会の外部からの価値づけが、芸能や伝承組織の様態に影響を与えているのである。

その一方で、変わらず講の名称を保持している団体もみられる。平成13 (2001) 年に「和賀の大乗神楽」という名称で5団体が岩手県無形民俗文化財に指定されたが、その時の保持団体は、和賀大乗神楽保存会・村崎野大乗神楽保存会・宿大乗神楽講中・上宿和賀神楽連中・笹間大乗神楽保存会であった。旧来の講中・連中と新しい保存会が並列しているのが興味深い。ただし、現在の神楽講中からは、先述した地域から独立した芸能者集団という性格は失われている。その背景には、伝承者のサラリーマン化が進み、農閑期の稼

ぎという意義が低下したこと。過疎化による伝承者の減少により加入条件が緩和され、その地域に生まれた人びとに広く門戸が開かれるようになったことがあげられる。講として結集する目的が、神楽を演じて稼ぐことよりも、地域の伝統として神楽を守り伝えていくことが主目的となったのである。その結果神楽講は、地域と神楽に縁がある者、神楽好きの人びとの集団となった。講の保存会化とでもいえる現象である。

| 芸能にかかわる講の特徴 | 本章では、さまざまな芸能にかかわる講の姿を紹介してきた。それは、芸能の上演を実現するとい |

う点では同じ目的をもつが、①芸能の奉納を依頼する集団（太々講）、②芸能を演ずる演者集団（万人講・獅子講中・神楽講中）というように、実現方法の点で2つに大別できる。

　そのうえで、講のメンバーがつながりをどう利用していたか、なぜ結集するのかという点から分析していくと、集団投資による信仰・娯楽の実現（太々講・万人講）、稼ぎの手段（神楽講中・万人講）、社会的地位の確立・義務（獅子講中）、余暇の楽しみ（万人講・神楽講中）と、当事者のさまざまな意図がみえてきた。こうした多様性をもつ点が、芸能にかかわる講の特徴といえる。

　そして、講の歴史的変遷に注目すると、戦後に文化財指定という外からの価値づけがなされたことが画期を生んだ。これにより、地域文化の保存（万人講・獅子講中・神楽講中）という新たな意義が生まれ、講が伝えていた文化が変化を経験しながらも伝承されることになった。講の文化財化という点は、他章に登場する宗教的・経済的・社会的な講と比べると、芸能にかかわる講に多く見出せる特徴である。

　本章で試みた芸能という視点からの講の分析は、これまであまり

行われてこなかった。今後の講研究では、講の実態を広い視野に立って比較することも求められている。

●引用・参考文献

厚木市教育委員会社会教育部文化財保護課文化財保護係編（2014）『厚木市史 民俗編 1（生活記録集）』 厚木市

景山正隆（1990）『愛すべき小屋―村芝居と舞台の民俗誌―』冬樹社

北上市文化遺産活性化実行委員会編（2018a）『北上・花巻地方の大乗神楽調査報告書 本文編』 北上市文化財活性化実行委員会

北上市文化遺産活性化実行委員会編（2018b）『北上・花巻地方の大乗神楽調査報告書 資料編』 北上市文化財活性化実行委員会

喜多村信節（1932）『嬉遊笑覧 上』 成光館出版部

鈴木昂太（2021）「近代における『法印』の誕生―大乗神楽を伝承する仕組み―」『山岳修験』68 山岳修験学会 67-89頁

高橋統一（1992）「契約講の変化」綾部恒雄・青柳まちこ編『民族学コラージュ―共同体論その他―』住谷一彦先生記念論集2 リブロポート

舘野太朗（2020）「平成地芝居の三十年」『歌舞伎 研究と批評』65 歌舞伎学会 38-49頁

戸板康二編（1956）『歌舞伎名作選』第5巻 山本二郎・郡司正勝校訂 創元社

豊田市郷土資料館編（2011）『歌舞伎の衣裳と文化―地域に息づく農村歌舞伎―』 豊田市郷土資料館

西海賢二（1983）『武州御岳山信仰史の研究』 名著出版

萩原進（1957）「太々神楽講結成の状況―特に太々講勧化帳を中心として―」『郷土芸能と行事―群馬県―』 煥乎堂

俵木悟（2018）『文化財／文化遺産としての民俗芸能―無形文化遺産時代の研究と保護―』 勉誠出版

松戸市立博物館編（1994）『千葉県松戸市の三匹獅子舞』 松戸市立博物館

安田徳子（2019）「三遠南信の地芝居」東海能楽研究会編『能・狂言における伝承のすがた』 風媒社

渡辺伸夫（1979）「太々神楽」『芸能』講座日本の民俗8 有精堂出版

第3章

「講」を迎える人びと

（髙田　彩）

寺社参詣と講 講をめぐる研究のなかでも、とくに参拝講や登拝^{とうはい}講の活動に関する研究には膨大な蓄積がある。参拝や登拝に訪れた講員たちの多くは、参詣地への道程で寄り道をしたり、名勝を見学したり、名物を食べたりして楽しんだ。つまり、寺社参詣は、信仰と遊山^{ゆさん}の両面をもちあわせていたのである。

　近年提出された社寺参詣に関する研究のなかには、信仰と遊山という2つの特徴をあわせもつ社寺参詣をとらえるため、観光人類学におけるホスト・ゲスト論を援用しているものがみられる（青柳[2002]、森[2009]）。観光人類学においては、観光客をゲスト、観光客を受け入れる地域や社会をホストと位置づけ、観光活動にまつわるさまざまな事象を、両者の関係性に注目して把握しようとしている。このようなホスト・ゲストの関係性を講研究に応用するならば、参詣者がゲスト、参詣者を迎える社寺や聖地がホストとなるだろう。

　だが、ホストとゲストと一言でいっても、その内実は一括りにすることが難しい。とくに、ホストの参詣地には、ゲストの参詣者に対して、祈禱などの宗教活動を行う宗教的職能者のみならず、さまざまな担い手が存在している。しかし、従来の研究においては、参詣地を訪れる講員に対して直接宗教活動を行う宗教的職能者以外の人びとについて論じられる機会は少なかった。現代の講を取り巻く

状況を総体的にとらえるためには、それぞれの担い手がどのような役割を果たしているのか、また、担い手同士の結びつきによって、参詣地がどのように運営されているのかという問題を議論する必要がある。

講を迎える人びと

実際に、講を迎える参詣地では、どのような人びとが働いているのだろうか。現状として、講を迎える人びとの視点から、参詣地の運営について論じる研究の蓄積は多いとはいえない。そのような研究状況を踏まえ、講の参詣や登拝に際して、荷運びや道案内を行う強力に着目し、強力の労働実態を明らかにすることをとおして、彼らの存在がいかに重要であるか問う研究が提出されている。たとえば、筒井裕は、鳥海山を事例に、強力の具体的な仕事内容を明らかにし、山中に物資を運搬する彼らの働きがなければ、山岳を参詣地として機能させることは不可能と論じた（筒井［2004］）。

　また、小林奈央子は、木曽御嶽山の女性強力を取り上げ、彼女たちが、御嶽講の登拝に必要不可欠な存在であるにもかかわらず、従来の研究において女性強力が等閑視されてきたと述べている（小林［2013］）。

　筒井や小林が指摘するように、参詣地がどのように運営されているのか検討するためには、これまでの研究で対象化されてきた宗教的職能者や信者（講員）に加えて、講を迎え入れる人びとの視点も必要となるだろう。本章では、東京都青梅市の武州御嶽山を事例に、参詣や代参に訪れる講員を迎える宿坊と、そこで働く人びとの役割について論じる。

武州御嶽山の概要

武州御嶽山は東京都青梅市に位置し、中世以降、金峰山、武蔵国金剛蔵王権現と称され、

関東における蔵王信仰の中心地として人びとの信仰を集めてきた。

　また、江戸中期以降の御嶽神社は、火難除け、盗難除け、豊作の神として広く庶民に信仰された。そこで、御師（おし）による布教活動によって御嶽講が各地で結成され、参詣が盛んになっていく。明治以降、その信仰圏は関東全域から、東海、甲信越にまで及んだ。明治末年から大正期にかけての御嶽講の分布とその数について確認すると、講員の総数は、14万4900余りもあったといわれている（西海［1983：68］）。このように、御嶽講は関東各地で結成され、数多くの講員が存在していた。

　御師は毎年、講が代参に訪れる春から夏の期間には、講員に宿を提供し、御嶽参拝を案内した。御師と講とは、御師と檀那（だんな）（檀家）という世襲的な師檀関係を結んでおり、代参を受け入れる一方で、代参のない秋から冬の時期には、各地の講に配札に出かけた。これを講社廻りという。御師は、年間数百日にわたって各地を回って布教活動を行い、配札をする一方、3月8日以降、6月初旬にかけて集中して御嶽神社へ代参に来る講に対して、休憩や宿泊あるいは太々神楽の斡旋を行った（西海［2014：162］）。

　この御嶽御師の数は、明暦年間（1655～58年）には、山上・山麓御師を含めて60軒以上を数えたというが、江戸末期の弘化4（1847）年には52軒、昭和53（1978）年には34軒になっている（西海［1983：51］）。他地域の御師の多くが廃絶・衰退している状況で、武州御嶽山は未だ山上・山麓合わせて30軒以上の御師が残っていることは、全国的にみても珍しい事例といえよう。

| 宿坊とは |

　そもそも宿坊とはなんだろうか。宿坊は、参拝の際に講員が宿泊する施設であり、御師の住居でもある。これまでの研究では、御師と講の関係性や、御師が講員に対して行

う宗教活動が中心的に取り上げられており、宿坊はそれらと並列する御師の職能の一つとして論じられる傾向があった。たとえば、新城常三は、宿坊について次のように述べている。「御師の機能は、祈禱と参詣宿にある」（新城［1982：152］）。また、本事例の武州御嶽山の研究においても、宿坊については、「御嶽御師の職能を三大別すると、一つは御嶽神社の祭礼諸役に従事、分担する。一つは檀家（講社）を巡回し、配札をする。一つは檀家（講社）や一般参詣客、あるいは観光客の来訪に応じた宿坊という性格を有するであろう」といわれている（西海［1983：241］）。

　先行研究では、上記のような背景により、御師と宿坊を不可分のものとして位置づけて研究を進めたため、御師以外の宿坊で働く人びとの存在にはあまり光が当てられてこなかった。宿坊に関する研究を一歩前に進めるためには、御師を通して宿坊をとらえようとするのではなく、講を迎え入れるための経営体として宿坊を把捉する必要があるのではないか。

　新城と西海が指摘するとおり、御師の仕事に宿坊運営は入るが、実際の宿坊運営は御師だけの力によって行われているわけではなく、御師以外にも宿坊運営に携わってきた人びとが存在する。

| 宿坊で働く人びと |

それでは、宿坊ではどのような人びとが働いているのだろうか。本事例の武州御嶽山において、宿坊は基本的に御師とその家族（妻や子ども）で経営されている。加えて、繁忙期など御師とその家族だけでは手が足りない場合には、近隣の宿坊から手伝いの人を呼んだり、山麓地域からアルバイトとして人を雇ったりすることで不足している労働力を補っていた。

　この近隣の宿坊からの手伝いは、御師の妻どうしの個人的なつながりにおいて実施されている。そのつながりは、御師の妻が関与す

る3つの山内組織（婦人部、組合、付き合い）への参加を通して、神社の清掃や、冠婚葬祭の互助などの活動を行うことで形成されている。御師の妻たちは、自分の宿坊に宿泊客がいないときに他の宿坊から頼まれたら、手伝いに行ったり、逆に自分の宿坊が忙しいときには、他の宿坊から手伝いに来てもらったりしていたという（髙田[2019]）。すなわち、御師の妻は、お互いに労働力の交換を行いながら、多忙な時期を乗り越えていた。

　山内組織の一つである婦人部では、年に一度泊まりがけで旅行をする機会があった。この旅行は、神社に対して「ご奉仕」をしてくれる御師の妻たちに対するお礼の意味があり、旅行の際には神社から旅費の補助が出た。このことから、御師の妻たちは、武州御嶽山という一山組織になくてはならない存在であることがうかがえよう。

　のみならず、この旅行は、御師の妻たちを多忙な宿坊業務から解放する機会であり、御師の妻たちの親睦を深める機会としても機能していた。彼女たちは、「大手を振って出かけられるのはそのときだけ」なので、旅行に行くことを「楽しみに」していたという（髙田[2019]）。

　他方、山麓地域からのアルバイトは、御師家と親戚、御師の子どもの同級生、もしくは、すでに他の宿坊でアルバイトをしている知人の紹介で集められる。アルバイトとして働きに来た人びとは、繁忙期にあたる講社の代参シーズンの春期と、合宿や研究会、家族連れのレジャー客で賑わう夏期には、数日間、時には1週間以上泊まり込みで働くこともあった。

　このアルバイトは、10代後半から20代前半の女性が最も多く、進学や就職、結婚などのライフステージやライフスタイルの変化によって、やがてアルバイトをしなくなることが一般的であった。

以上確認してきたとおり、宿坊は、御師とその家族だけでなく、御師の妻やその子どもが形成したつながりを通じて山内外から集められた人びとたちをも含めて運営されている。

| 太々神楽とは |　次に、代参の際に宿坊に泊まりに来る講員を、実際に誰がどのようにもてなしているのかをみていきたい。とくに代参のなかで最も重要視される太々神楽をとおして、宿坊の機能とそこで働く人びとの役割を明らかにしていく。

　多くの講社では、代参講によって選出された講員の代参がすべて終了すると、満講と称して新たに講の組織替えが行われる。その組織替えをする年に、講員総勢で武州御嶽山に参詣して太々神楽を奉納する講社が多く、こうした講社を総称して太々講（太々神楽講中）という。

　ちなみに、太々神楽の奉納が1回あると、昭和40〜50年代頃には「100万円ほどの金が動く」といわれ、御師にとって太々神楽の奉納が最大の収入源であった。そのため、太々神楽奉納の数の多少は「御師の盛衰を示す結果」となったともいわれている（西海[1983：234]）。こうして奉納された太々神楽の初穂料は、山内の御師に分配され、山内全体に利益がもたらされるため、太々神楽の奉納は施主御師だけでなく、武州御嶽山の御師全員にとって重要な問題であった。

| 講を迎える人びとの仕事内容 |　では、実際に太々神楽はどのように奉納されるのだろうか。これから、令和元（2019）年5月に奉納された太々神楽に筆者が宿坊アルバイトとして参加した際の記録をもとに、宿坊側の動きについて記述していく。その際、あわせて講と御師の動きについても確認しながら論を進めたい。太々神楽奉納当日の講、御師、宿坊従業員（御師の妻と子ども、アルバイトを

総括して、ここでは従業員と呼ぶ）の動きをまとめたものが表 3-3-1 である。

　表 3-3-1 の補足をすると、この日は、7 名の講員が A 宿坊に訪れた。毎年この講は、講元や世話人などの役員で代参を行っている。

表 3-3-1　太々講受け入れ

時間	太々講の動き	御師の動き	宿坊従業員の動き
10:00		講員が帰宅する際に渡す札を神社に取りに行く。太々神楽奉納に必要な餅や菓子をケーブルカーの駅まで取りに行く。	客室清掃、講員の昼食の準備。
11:00	講員到着。御師との打ち合わせ。講帳、初穂料を御師へ渡す。	宿坊にて講員の出迎え、講の代表者との打ち合わせ。講帳、初穂料を受け取る。	大広間への案内、お茶出し。
11:30	講員昼食。	講員が持ってきた講帳を預かり、太々講に参加している講員の名前を書き入れる。	昼食の配膳、酒の提供、客室清掃。
13:30	神社からの迎えの御師到着。大広間で祓の奏上、清祓い（御幣）の装着。御師の家族とアルバイトへのマキ餅、マキ銭。	神社から講を迎えに来た御師との打ち合わせ。講員に対し、太々神楽奏上に際する注意事項とこれからの流れについての説明。大広間での祓の奏上。	昼食の片づけ、迎えの御師へのお茶出し。大広間での祓の奏上。マキ餅、マキ銭を受ける。
14:00	迎えの御師の先導で講員は神社へ出発。神社前広場到着、マキ餅、マキ銭。	神社前広場で撒く餅などを車に乗せて運ぶ、足腰に不安のある講員を車で神社まで送迎する。	神社前広場でマキ餅、マキ銭を受ける。

14:30	玉串奉奠。太々神楽奉納。神楽殿退出時にお神酒をいただく。その後神社や参道を散策。	玉串奉奠に斎主の一人として参加。太々神楽奉納に際しての注意事項や、演目についての説明。	大広間セッティング、夕食準備開始。15時からチェックイン開始（講以外の客の受け入れ）、風呂開け。
17:00	宿坊帰着、風呂。	明日講員が帰宅する際に渡す札に講員の名を書き入れる。	夕食準備。
18:00	大広間にて直会開始。御師やその家族と世間話をしたり、講員どうしで酒を飲みながら話したり、カラオケをしたりして楽しむ。	講員への挨拶、講員と共に酒を飲む。講員に明日のスケジュールの確認。	夕食配膳、酒類の提供、講員への挨拶。19時から講以外の客の夕食開始。
21:00	直会終了、就寝。		夕食片づけ、明日の朝食のセッティング、風呂閉め、飲料類の補充。

　講員が到着すると、宿坊では「本日はおめでとうございます」といって出迎える。

　また、宿坊から神社へ向かう前に、大広間にある神棚の前で当番の御師から 禊 の奏上が行われ、参加している講員全員と、マキ餅、マキ銭が清められる。その後、清祓いという御幣が配られ、講員は各自の胸元にそれをつけるよう指示される。禊の奏上の後、御師の家族やアルバイトのために講員が餅や小銭、菓子を撒く。一通り撒き終わったら、当番の御師が先導して講員を神社に連れていく。

　その際、足腰に不安があり、坂道や神社の長い階段を登れない講員のために、車を使って彼らを宿坊から神社まで送っていく。また餅などの荷物も一緒に車に乗せて神社まで運ぶ。その車を運転する

写真 3-3-1　挨拶する講元とマキ銭、マキ餅を待つ人びと
（平成 27 年 5 月筆者撮影）

のは、御師とその跡取り息子である。

　神社の鳥居前広場（サカド前）に到着すると、講員は餅と銭が入った升を持ち、神社の階段の前に立つ。そして、講元が挨拶をしたあと、餅や小銭、菓子が撒かれる。サカド前には、他の御師の家族や、宿坊のアルバイト、偶然通りかかった参詣者が集まって、投げられる餅などを拾う。太々講を迎え入れている宿坊の家族やアルバイトも時間があれば広場に向かい、再度餅や銭、菓子を拾う。太々神楽の情報は、前々から山内で共有されており、当日は近隣の人を誘いあってみんなで神社前に出かけていく。子供の頃、太々神楽の奉納が何よりも楽しみだったと語る武州御嶽山の住民は多い。

　現在、太々神楽は三座から四座で構成されており、神楽殿には、その日に奏上する演目の神楽を舞う御師や、雅楽を演奏する御師が控えている。このように、太々神楽の際は、太々講を迎え入れる施主御師だけでなく、その他の御師たちも参加する大掛かりなもので

あった。

　講員が太々神楽の奉納を行っている間に、宿坊では、大広間（食事会場）のセッティング、夕食準備を行う。この日は、大広間の中央を襖で仕切り、手前の会場を講社、奥の会場を一般客という設営にし、それぞれテーブルと椅子、ポットや食器などを並べた。また、講社の会場にはカラオケの機械も設置する。

　会場設営が終わると、夕食の準備が始まる。夕食は、講社とそれ以外の一般客とは献立が若干異なる。基本的な献立（口取り、小鉢、刺身こんにゃく、天ぷら、鍋、煮物、焼き魚、味噌汁、ご飯）は同じだが、講社には茶碗蒸しや刺身がつく。また、講社の持ち込みのつまみなどをこちらで盛りつけて提供する。この講社の夕食は太々神楽奉納後の直会を兼ねており、宴会は2〜3時間続くので、料理を運ぶタイミングや順番を考えたり、酒類の提供をスムーズにできるよう酒類の補充をしたり、事前に必要な準備を行う。

　夕食が始まると、御師やその妻、跡取り息子などが入れ替わりで食事中に挨拶に行く。そこで、近況報告や世間話などをして、各々

表3-3-2　太々講受け入れ

時間	太々講の動き	御師の動き	宿坊従業員の動き
6:30			始業、朝食準備、風呂開け
7:00	風呂、神社参拝		朝食準備
7:30	朝食		朝食配膳
8:00		講員が帰宅する際に渡す講帳、札、土産物などの準備、確認	講社以外の朝食開始、配膳、片づけ
10:00	チェックアウト	見送り	見送り、客室清掃開始

の1年を振り返る。その際、食事や風呂、本日の太々神楽奉納についての感想なども語られる。時には、思い出話に花が咲くこともある。宴会終了後、従業員は、大広間の片づけと明日の朝食の設営を行う。終わり次第、宿坊側も業務が終了となる。次に2日目の宿坊側の動きを確認していく。

表3-3-2の補足をすると、朝食は講社とそれ以外の一般客でとくに献立（焼き魚、卵焼き、納豆、小鉢、ご飯、味噌汁、ヨーグルト、果物など）に違いはない。以前は、太々神楽の際の朝食も代参時の夕食に匹敵するほどのご馳走が出たという（西海［1983：234］）。

朝食終了後、講員は帰り支度をして宿坊を後にする。その際、御師とその家族、アルバイト総出で見送る。また、講員が帰る際に、御師は預かっていた講帳や、事前に手配していたお札、土産の菓子などを渡す。そして冬には講社廻りに行くこと、来年の代参のことなどを話し、別れの挨拶をする。このときに講員からアルバイトなどにチップが渡されることもある。そしてお互いの健康などを労って講員は帰路に着く。

| 講を迎える人 |
| びとの役割 |

これまで、太々講の受け入れ時の宿坊の動きについて確認してきた。ここでは、宿坊で働く人びとが宿坊運営においてどのような役割を担っているのか整理したい。先にも触れたとおり、実際に宿坊運営にかかわる業務を担当しているのは、御師の妻やその子ども、そして山麓地域から働きに来ているアルバイトの女性である。

宿坊運営を担う御師の妻は、①宿坊運営の管理に関する業務と、②運営上の労働力を提供する業務の2つの業務をこなす。①の業務内容は、御師とその家族と一緒に働く人材の確保、そのシフト管理、接客に関する指示出しなどを指し、このような業務を担当する

御師の妻は、実質上、現場の運営業務の責任者にあたる。

　続いて、②の業務内容は、調理や掃除、サービス対応などで、御師の妻は、実際に労働力を提供し、自らが率先して働く宿坊運営の統括者としての立場をも担っている（髙田［2018：78-79］）。

　この宿坊運営の統括者である御師の妻のもとで、御師の子ども（とくに娘）とアルバイトが一緒に働く。御師の娘は、母である御師の妻と共に調理や掃除などの業務を担当する。一方、アルバイトは、御師の妻や娘からの指示に従って調理や掃除などの業務を行う。調理の際には、主に下ごしらえや配膳を担当し、仕上げにあたる料理の味つけは、御師の妻や娘が担当した。このようにアルバイトは御師の妻と娘の補助的な役割を果たしている。以上のように、実際の宿坊運営は御師だけでなくその家族と、アルバイトとして働く山麓住民によって成立している。

　最後に、御師の妻の語りを紹介し、宿坊で働く人びととの関係性とその意味について考えてみたい。

　　講社のお客様は、他人だけど他人じゃない。いつもお世話になっていますって感じで、普通のお客様の感覚とは違う。ウェイター的にはできないし、ホールスタッフがやるような仕事だけじゃすまない。なので、察して動いてくれる人がいいし、誰かの友達とか、知っている人のつてで紹介してもらった人じゃないと信頼して仕事を任せられない（2019年6月25日　御師の妻に対する聞き取り）。

　この語りは、示唆に富む語りである。先代から代々付き合いのある講は御師家にとって特別な存在であり、これからも付き合いを続けていく必要があるため、講を迎え入れる宿坊で働く人は、信頼できる知人からの紹介というお墨つきのある人材が望ましいとされて

いる。そして、これまでみてきたように、宿坊の業務は、調理や清掃、案内など複数のタスクがあり、仕事の優先度を考えながら、効率よく作業を進める必要がある。アルバイトの女性たちも、作業の進捗具合や周りの状況を見つつ、今何をすべきなのか「察して動く」ことが求められた。つまり、アルバイトの女性たちは、サービス業としての役割が期待され、感情労働をも担っているといえよう（髙田［2019］）。

　このように複数のタスクをこなしながら、朝から晩まで働く宿坊でのアルバイトは、体力と精神力の両方が求められるので、誰にでもできるものではないが、アルバイトの女性たちにとって、宿坊で働くことはどのような意味を有していたのだろうか。この問いに答えることを通して、宿坊で働く人びとが作るつながりについて検討してみよう。

　　　一緒にバイトやった友達と、そのお金で長野旅行したりして。持ちつ持たれつだもんね。ここでやるとお金になるから。食事がついて、通わなくて済むし、親から離れられるし。社会勉強もできたしって感じだよね。高校生の時に（2018年2月8日　御師の妻に対する聞き取り）。

　語りによると、宿坊でのアルバイトは、友達と一緒に働ける、泊まり込みで何日間か働くのでお金が稼げる、社会勉強になるというメリットがあった。

　これまで確認してきたように、宿坊で働く人びとのネットワークは、御師の妻どうしの連帯、または御師の子どもの同級生、もしくは知人からの紹介など、さまざまなツテによって創出されている。そのツテによって集められたアルバイトの女性たちにとって、見知った同級生と一緒に宿坊で働くことは、一種の楽しみであった。

加えて、そのツテを利用して宿坊で働きながら、彼女たちは、大学進学や就職前にマナーを身につけたり、社会経験を積んだりした。つまり、アルバイトの女性たちが有する武州御嶽山とのつながりは、彼女たちにとって、労働の対価として賃金を得る以上の価値をもっていた。

講研究の課題 本章では、武州御嶽山における宿坊とそこで働く人びとを事例に、武州御嶽山の宿坊運営がどのように行われているのか、代参の中でも最も重要といわれる太々神楽を事例に論じてきた。

　まず、実際の武州御嶽山の宿坊では、宗教的職能者の御師に加えて、その妻や子ども、そして山麓住民がアルバイトとして働いており、さまざまな人びとの働きによって宿坊運営が行われていることを示した。また、山内の宿坊では、宿坊が多忙な際にはお互いに手伝いを出し、不足している労働力を補っていた。とくに、嫁いできたばかりの御師の妻が手伝いの役割を果たす場合が多く、この労働力の交換は、嫁いできたばかりの御師の妻に山内の慣習を教育する側面も有している。

　他方、御師の子どもは母である御師の妻とともに宿坊で働くことに加え、学校生活で形成したつながりを活用し、山外から人材を集め、山内に供給する役割を担っていた。いわば、御師の子どもは、山外の情報や人材を集めるためのアンテナのような存在といえよう。

　そして、御師の子どもの仲介によって集められたアルバイトの女性たちにとっては、宿坊は単なる就労の場ではなく、社会勉強の場でもあった。そのため、彼女たちにとって、武州御嶽山とのつながりは、賃金を得る以上の価値があった。

　本章で中心的に論じてきた御師の妻やその子ども、そしてアルバ

イトの女性たちは、御師のように講員に対して配札活動を行ったり、祈禱などの宗教活動を行ったりするわけではない。しかし、宿坊という講のための宿泊施設で働くことで、講員の代参をサポートする役割を担っていることから、武州御嶽山という一山組織を維持、運営していくための重要な構成員と位置づけられる。

　御師の妻をはじめ、講を迎える人びとの働きがなければ、太々神楽の奉納や代参に訪れた講員を受け入れることは不可能であり、この点で講にとっても参詣地にとっても、講を迎える人びとの存在は重要であることが首肯される。

　本章では、講を迎える人びとの存在や、具体的な仕事内容について論じてきた。このような、講を迎える人びとの視点は、これまで個別にあつかわれることが多かった宗教的職能者の活動や、講集団の活動を架橋し、講をめぐる営みをより実態にそくした形で理解するための一助となるのではないか。

　今後、講を迎える人びとの視点を取り入れることで、講の持つ機能やその広がりをとらえようとする講研究を、さらに豊かにする可能性を示して論を閉じたい。

●引用・参考文献
青柳周一（2002）『富嶽旅百景—観光地域史の試み—』　角川書店
片柳太郎（1960）『武州御嶽昔語り』　宗教法人武蔵御岳講直神部
小林奈央子（2013）「御嶽講登拝を支えた女性強力」『宗教民俗研究』
　21・22　65-87頁
齋藤典男（1970）『武州御嶽山史の研究』　文献出版
新城常三（1982）『新稿　社寺参詣の社会経済的研究』　塙書房
髙田彩（2018）「宿坊経営における女性家族の役割—武州御嶽山を事
　例として—」『國學院大學研究開発推進機構日本文化研究所年報』
　11　國學院大學研究開発推進機構日本文化研究所　70-87頁

髙田彩（2019）「武州御嶽山の社会組織─女性の役割に注目して─」
　『宗教と社会』25　81-95頁
筒井裕（2004）「昭和中期における鳥海山山中への物資運搬─吹浦口
　ノ宮からの運搬を中心に─」『日本民俗学』240　76-92頁
長沢利明（2000）「武州御嶽講と代参」『西郊民俗』172　西郊民俗談
　話会　9-20頁
西海賢二（1983）『武州御嶽山信仰史の研究』　名著出版
西海賢二（2014）「武州御嶽山」『日本の霊山読み解き事典』　柏書房
森悟朗（2009）「近代の江の島における神社と参詣・観光」『言説・儀
　礼・参詣─〈場〉と〈いとなみ〉の神道研究─』　弘文堂

「講」研究の資料

―これから研究を志す人のために―

1　資料探索のはじめに （天田顕徳）

「はじめの一歩」の少し手前に

本項の目的は、講研究の初学者に向けてアクセスしやすい視覚資料を紹介し、講研究の「はじめの一歩」を支援することにある。

講研究の「はじめの一歩」とは通常どのようなものだろうか。関連する書籍や論文を読む、すでに講の研究を行っている人とのコンタクトを試みる、博物館や資料館を利用する、都道府県史や市町村史などを紐解く、寺社で直接尋ねるなどの方法が考えられるだろうか。リテラシーがあれば、文書や金石文などからも研究を進めることができる。実際にこのテキストを執筆しているメンバーの多くがこうした方法で研究を行っており、このテキストからは歴史学や民俗学、宗教学などにおける講へのアプローチの方法を学ぶことができる。

しかし読者のなかには、講に興味を持ったものの、その一歩がなかなか踏み出せないという人もいるのではないだろうか。書籍や論文には難しい漢字があふれているし、人にものを尋ねるのも緊張する。外に出るのも億劫だ。講研究を志したものの、講とはつながりをもっていない読者や、講が身近でないと感じる読者にとっては、「はじめの一歩」それ自体が、高い壁のように感じる場合もあるかもしれない。本項はそんな読者に向けて書かれている。

次の写真を見てほしい。これは、2年ほど前に筆者の実家がある千葉県の神社で撮影したもので、伊勢参宮の記念碑（左）と出羽三山登拝記念の碑（右）だ。

筆者は高校時代までを実家で過ごしたのだが、その間、講と接点を持ったことはなかったし、講を身近に感じたこともなかった（少なくともそのように記憶している）。掲げた写真は、帰省をした折に目を引かれ撮影したものである。碑の所在地は比較的近所なのだが、研究を始める前の筆者はこうした碑の存在に目を止めたことはなかった。かつての

写真特 1-1　伊勢参宮の記念碑　　写真特 1-2　出羽三山登拝記念碑

筆者にとって、これらは文字どおり路傍の石程度の存在だったのだろう。随分と大きな路傍の石である。出羽三山の碑の建立は平成 7（1995）年と比較的新しく、筆者が気にしていなかっただけで身近なところにも講が存在していたことがわかる。

　先に「講とはつながりをもっていない読者や、講が身近でないと感じる読者にとっては」と述べたが、ここでまず確認をしたいことは、講は各地に広く存在していたし、現在活動を行っているものも多いという点である。読者が（あるいは読者の調査対象者が）講とつながりをもっていないことや、講を身近に感じていないことと、講の存在の有無は必ずしも一致するものではない。講という研究対象は歴史や教科書のなかにのみ存在するものではないのである。存外、あなたの身近なところにも講が存在しているかもしれない。

　これを踏まえ、本項では、誰にとっても実は身近であるかもしれない講の姿に、これまでのオーソドックスな講研究の史・資料ではなく、より身近なものを通じて触れる方法を示したい。具体的には「SNS」と「新聞記事データベース」を取り上げて、それらの資料の講研究における可能性にも言及してみたい。

SNS の活用

まずは SNS に注目してみよう。NHK 放送文化研究所世論調査部が行った「情報とメディア利用に関する調査」を分析した渡辺の報告では、20 代以下の若年層は SNS をコミュニケーションツールとしてではなく、情報収集のツールとして使っていることが指摘されている（渡辺洋子「SNS を情報ツールとして使う若者達〜「情報とメディア利用」世論調査の結果から②」『放送研究と調査』NHK 放送文化研究所、2019 年 5 月）。同世代では SNS を日常的に利用する人がテレビを利用する人を上回っているともいう。この報告は平成 30（2018）年の調査をもとに行われたものであるが、令和 3（2021）年時点の大学生世代にとっても SNS は最も身近な情報収集ツールの一つであるとみて差し支えないだろう。では、SNS は講の情報収集に活用することはできるのだろうか。日本における SNS 利用者数第 2 位の Twitter、第 3 位の Instagram、第 4 位の Facebook を用いて、講の情報を探してみよう（日本における SNS 利用者数第 1 位の LINE は不特定多数への情報発信ツールとしてはあまり利用されていないことからここでは 2 位以下をサンプルとした）。

日本の伝統的な共同体である講と SNS という取りあわせには違和感を感じる読者もなかにはいるかもしれないが、実は講がかかわる行事や芸能には SNS 映えするものも多い。写真や動画を手軽に共有できる Twitter や Instagram では、講にまつわる「映える（フォトジェニックな）」投稿を複数発見することができる。文字ばかりの専門書に比べて、直感的に興味を引く情報をみつけやすいのである。

また、速報性に優れている点や、双方向性に優れている点も紙ベースのメディアにはない Twitter や Instagram の強みだろう。講関連の行事やイベントについて知りたい時や、主催者側ではない人が講にかかわる行事やイベントをどうみているかという点をビジュアルとして把握したい場合に Twitter や Instagram は有用なツールであるといえるだろう。

Twitter や Instagram に比べ長文をシェアすることにより適した Facebook では、講の活動にかかわるより詳細な情報も得ることがで

きる。たとえば、講のリーダーである「講元」や「先達」がイベントや講の活動について投稿しているものなども存在する。Facebook の投稿には個人の実名やプライベートな情報が掲載されていることも多いことから、ここで具体的な名称や写真を挙げるのは控えるが、関心をもった読者は検索ワードを工夫して、是非、探してみてほしい。

ここでは、SNS の有用な点を紹介したが、現在のところ、SNS 上で共有されている講にまつわる情報は、その数があまり多くないことも事実である。手軽に調べられて、ビジュアルに訴える情報も多いという意味で講に「取っつきにくさ」を感じる読者には是非試してほしい資料ではあるのだが、情報収拾効率という点ではさほど良いものであるとはいえない。また、情報の信頼性にも注意が必要である。SNS 上には有用な情報も多い一方で、事実とは異なった内容のものも存在する。その点では若干敷居は高くなるものの、次で紹介する新聞の記事データベースは、短時間で手早く、かつ信頼性も高い情報を手にすることができるという点で SNS よりも優れている。

新聞記事データベースの活用

総務省の「社会課題解決のための新たな ICT サービス・技術への人々の意識に関する調査研究」(2015 年) によれば、ニュースを視聴する際に新聞を使う 20 代は 3.8％、30 代は 7.3％であるという。この数字からわかるのは、この特論が想定する読者にとって、新聞は決して身近で敷居の低いメディアであるとはいえないということだろう。その意味では、ここで新聞を資料として紹介するのはアクセスしやすい視覚資料を紹介するというこの特論の趣旨と若干そぐわない部分もあるように思う。だが現在は Web 上で記事検索を行うことのできる「新聞記事データベース（以下記事データベース）」が新聞社から公開されており、Web 検索に慣れた読者であれば違和感なく利用することが可能となっている。新聞は取っていないし、読んだことすらないという読者も多数いることと思うが、通常の検索エンジンを使う感覚で是非チャレンジしてほしい。

まず、記事データベースの概要だが、紙幅の都合もあり複数存在する記事データベースの概要や使い方について逐一それをつまびらかにすることは叶わない。概要や使い方については、2021年現在、国立国会図書館が運営しているWebサイト「リサーチナビ」上に存在する、「新聞記事データベースの使い方」というコンテンツが丁寧に解説をしており、役に立つ（https://rnavi.ndl.go.jp/research_guide/entry/post-1085.php　2021年5月最終閲覧）。ここでは朝日新聞社が提供している「聞蔵Ⅱビジュアル」を使って抽出した記事から講にまつわる記事を2例、紹介してみよう。

　まずは平成26（2014）年の横浜地方版の記事である。記事で紹介されるのは川崎市高津区末永の「笹の原の子育て地蔵」にまつわるエピソードだ。「笹の原の子育て地蔵」は、終戦後間もない昭和22（1947）年春に地元の「講中」によって太平洋戦争の空襲の犠牲者を祀るために建てられたもので、その台座には空襲の犠牲になった地域住民の名前が刻まれている。地蔵は田園都市線梶が谷駅から徒歩5分ほどの住宅街に存在する地蔵堂に安置されており、終戦の日には毎年供養の行事が行われているという。

　終戦から69年となる平成26年8月15日の夜、地蔵の管理を行う「講中」の住民10人が集まり、鐘を鳴らしながら念仏を唱え、大きな数珠を回した様子が報じられている。住民のなかには軍人として出征をした人もおり、供養の場は自然と、戦争体験を語り合う場になってきたという。

　続いて、平成24（2012）年の栃木県版の記事から講にまつわるエピソードを拾ってみよう。日光市の市立小林小学校で、5、6年生の児童43人が地元の獅子舞講中などから指導を受け、同校に伝わる「獅子舞体操」の練習に力を入れている様子を紹介したものだ。この体操はもともと40年以上前に始められたものだが、教える教員の異動などで伝統の維持と継承が難しくなっていた。そんななか、学校は平成23（2011）年12月に栃木国体（昭和55［1980］年）の開会式で獅子舞体操を披露した保護者や地域住民らの協力をとりつけ、伝統の維持と継承のため

の新たな指導を始めたという。平成24年1月12日には、地元獅子舞
保存会である「下小林獅子舞講中」の和田孝さん（70）が指導に参加。
記事では、児童らが獅子頭や太鼓を身につけ、和田さんが吹く笛の音に
合わせて繰り返し踊りの練習を行ったことが報じられている。集まった
保護者ら約10人も「もっと頭を振って」「上にあげた手は流さず、上
で止めるように」などの声をかけていたという。

　ここでは新聞データベースを使った2つの例を具体的に紹介したが、
こうした例以外にも、データベース上の紙面には現在も地域に根づき、
生き生きと活動を行っている講の姿を多数認めることができる。SNS
と比較した記事データベースの利点は先に述べたとおりだが、SNSを
使って調べた写真やイベントについて記事データベースで検索し、詳細
を調べるなど、両者を組みあわせた情報の収集法も有効であると考えら
れる。

少し手前から「はじめの一歩」へ

　以上、本項では講研究の「はじめの一歩」を踏み出すことができない
人に向けてSNSと記事データベースの紹介を行ってきた。冒頭で確認
したとおり、この特論の目的は、講研究の初学者に向けてアクセスしや
すい視覚資料を紹介し、講研究の「はじめの一歩」を支援することに
あった。講に対して身近さを感じない読者は、ここで紹介したSNSや
記事データベースを一度試してみてほしい。SNS上の「映える」写真
や動画、新聞で紹介される生き生きとした講の姿は、あなたが講に対し
て感じている心の距離をきっと縮めてくれることだろう。

　他方で忘れてはならないのは、ここで紹介したツールはあくまでも、
間接的に講を知るためのものであるということだ。「百聞は一見に如か
ず」という言葉があるが、一次資料やフィールドワークを通じて知るこ
とのできる講の世界はより広く、より深い。身近な視覚資料を通じて講
への関心を高めた読者は、是非、現場や一次資料へと歩みだしてほしい。
これも冒頭で述べたとおり、それこそが本項のいう講研究の「はじめの
一歩」なのだから。

2 文書資料

（村上弘子）

文書資料の可能性をさぐる

　本項では、これから「講」研究を始めようとする大学生や一般の読者に向けて、講集団が扱う有形資料のなかでも、とくに文書資料を通して、講集団の歴史や活動を明らかにする方法を伝えたい。

文書資料とは？

　歴史学では、古文書・古記録など史料に区別や定義があるが、本項では、大枠概念として、制度・文物を知るよりどころとなる書きものや言い伝え、すなわち紙に書かれている文字や記録全体をとらえる。具体的には、書籍・書類・書状・証文などの史・資料である。ここで「文書」資料と表現し「文字」資料としなかったのは、後者の場合は、次項以後の物質資料や伝承資料も含まれてくるからである。各地に残されている物質資料や伝承資料については、各項をご参照いただきたい。伝承資料の場合、その伝承が口承のみでなく文章（記録）で残されている場合があり、その記録は文書資料の対象になる。

講研究における文書資料

　文書と聞いた場合、第一に思い浮かべるのは各地に残される古文書類であろう。講の場合は、信仰・参拝（参詣）対象である寺社・霊山および講を営む側の講社・講員が所蔵する古文書類や、後世の編纂物などである。

　講について調べる時には、講社・講員など講を担う側からの視点と、講を受け入れる側である寺社・霊山からの視点の双方からの視点を取り入れることにより、より俯瞰的・総合的な組み立てができる。文書資料はどちら側からの記録も残されている。

　講を知るための文書資料は沢山あるが、たとえば以下のような史資料

がある。

　・講社・講員などその講集団による記録：講の規約・講帳・講社人名
　　帳、寺社や霊山への参拝講（参詣講）の場合はその記録（道中記
　　類）など。
　・寺社・霊山など参拝される側の記録：講員の登山帳・人名帳など。
　これらは講に直接関係する文書資料である。また物質資料とも重なる
が、参拝した寺社から受け取る御札や、境内の絵馬・扁額_{へんがく}に書かれてい
る文字、彫像・画像・石碑・墓碑・石塔や建造物などに記される言葉や
文章も、文書資料と関連する。

　これらの資料は、講の様子を知るための重要な文書資料といえる。し
かし、講には、現在も続く講もあるが、すでに解散してしまった講もあ
る。継続している講でも、過去と同じ性格・形態を残しているとは限ら
ない。過去に存在した講や、調べたい講の歴史を知る必要もある。体験
者が減り、直接聞き取りができない場合もあるだろう。その場合は、残
された文書資料を手がかりに、その講の歴史を組み立てていくことにな
る。文書資料が有効な点は、現在の状況のみでなく、講の歴史や経緯を
知ることができる点にも求められる。

　一方で、文書資料を取り扱う場合の注意点もある。対象の文書が書か
れた時代はさまざまであり、書き手も異なる。そのため同じ講を取り上
げたものでもその記録内容や評価が異なっている場合がある。たとえば、
ある講の開始時期が資料によって異なっていたとしよう。どちらかが間
違いなのだろうか。新しく書かれた資料の方が開始時期を古くしている
場合は、講の歴史を遡らせようとして、これまで書かれていた資料より
も古く記載したのかと考えたくなる。しかしそれ以外の考え方として、
もしかしたらその講の性格や講に対するとらえ方が、その資料が書かれ
た時期に変化した可能性もある。もしくは書き手によってとらえ方が異
なるために、開始と考える時期が異なったのかもしれない。このように
さまざまな可能性を考えて判断しなければならない。どちらかが一方的
に誤りというのではなく、その文書資料が書かれた背景も考えねばなら
ないのである。

文書資料を用いる場合は、作成時期や書き手の意図なども考えながら、その文書資料の妥当性や正当性を検討したうえで取り上げねばならない。

　このように、文書資料は、用いる際の注意点はあるものの、対象の講についての視野を大きく広げてくれる。さらに、その講に直接関係しないものでも、寺社や霊山側に残される文書資料には、寺社や霊山の歴史や信仰圏がわかる史資料があり、それも取り入れることで、総合的・客観的な理解が進み、視野が広がるのである。

　現在は、現地に行って直接拝見する以外の手段として、各自治体史の資料編などでその文書類や編纂物が翻刻されている場合もある。また、デジタルアーカイブなどで公開されているものもあり、大変有用である。しかしながら、翻刻やデジタルアーカイブになっている資料は限られており、自分が求めるものがあるとは限らない。

現地調査にあたって

　講についての研究は多角的視点が必要である。現地で関係者からのお話を聴くこと、現地の様子を調べること、など直接の調査は勿論であるが、それだけではない。せっかくの現地での調査を最大限に理解・発展させるためには、事前準備と事後のまとめにも力を入れてほしい。その時に大きな助けになるものが、文書資料である。多様な領域にわたる講の具体相は、現地・現場の調査と文献史・資料をとおして探るのである。

　調査前の準備として、その講に関する資料をひととおり見ておこう。その講の性格や運営方法（設立目的と開始時期、講の実施時期、参拝講か地元で営むのかなど）、講員の特徴（性別や年齢による制限の有無、一家の戸主、本家・分家といった身分や社会階層による区別の有無など）などをわかる範囲でまとめ、その講について大体の状況を把握する。そのうえで、現地調査での質問事項や、拝見したい史資料を書き出しておく。

　初めて訪れる地域の場合は、事前に地名辞典などを読んで、その地域の歴史や特徴を調べておくことも必要である。

　現地調査に行く前に史資料を探すためのツールとしてあげられるもの

に、各自治体史がある。これは史資料編や民俗編のみでなく本文編（通史編）も読んでみよう。本文編に解説や説明がみつかる場合もある。また、各種データベースを検索してどのような史資料があるか探したり、各自治体で刊行されている資料目録類（個人の家の所蔵文書など）にも目を通したい。目録類は、編集時にテーマごとに分類されているが、載っていそうな分類項目だけでなく、「その他」「雑部」「一括」など、分類されていないところにも関係ありそうな資料が取り上げられている場合もある。

　講は、伊勢講・富士講のような社寺・霊山への参拝講の場合、一村落を越えて広域に結成される例もある。したがって、資料をチェックする場合、当該の自治体史だけでなく、周辺の自治体史にも目を通す必要がある。同じ講が各自治体史で掲載されている場合もある。

　調査当日、現地で文書資料を拝見する場合は、その場で書き写すか、写真撮影し後日翻刻することになる。いずれの場合も所蔵者に必ず許可をいただくことを忘れてはいけない。文書を書写する場合、史料は丁寧に扱い、シャープペンシルではなく、鉛筆を用いたい。もちろんボールペンは避けること。

　聞き取りをしていくなかで、事前に知らなかった史資料の存在を教えていただける場合もある。一方、自分が探すような史資料が必ず存在するとは限らない。その場合は聞き取り調査がその補完になるだろう。

　調査から戻ってきたら、物質・伝承資料同様に、その後の整理が必要である。写真撮影したものは、紙に書いて翻刻する必要がある。文書に書かれていると、何となくわかった気がするが、その講について具体的に何が書かれているか、整理しなければならない。直接講のことが出てこない資料でも、そこから何がわかるか整理する必要がある。事前準備で疑問に思ったことが解決する場合もあるし、新たな疑問点が出てくる場合もある。

　現地で拝見する文書資料は、その資料の成立年代を考えることも必要である。記録類は比較的年代がわかりやすいが、手紙類は月日のみのものがほとんどである。内容を把握し、他の資料と比べ合わせて、年代を

推定する作業が必要になる。現地調査で得た成果は、後日、ご協力いただいた現地の方々へもお伝えしたい。

文書から読み解く講／講的集団—高野山参詣を事例に—

　講を名乗る集団ではなくても、講の仕組みを応用・再編成している集団もある。また、講の仕組みからとらえ直すと理解がしやすくなる事例、すなわち「講的」性格を具えた集団もある。和歌山県の高野山へ参詣・宿泊した場合を例にとってみよう。江戸時代、高野山には日本全国から参詣者が訪れた。参詣者たちはその居住地によって、高野山内のどの子院に宿泊するかが決まっていた。その宿泊寺院は宿坊と呼ばれる。

　天保12（1841）年閏正月13日、武蔵国埼玉郡下野村から長濱百之丞、川嶌佐左衛門、川嶌庄右衛門、相沢栄三郎、串作村から吉沢惣次郎が登山した。その1週間後の閏正月20日に、同じく埼玉郡下野村から川嶋巳之助、川嶋利右衛門、長谷川亀次郎、鈴木政右衛門、鈴木八十八、早川万次郎、早川佐重郎、明願寺村から木村幸次郎、相沢庄蔵、相沢國蔵、志多見村から松村孫右衛門が登山した。彼らの名前は宿泊した高野山龍光院の宿泊名簿である「武州登山帳」に記載されている。かつては、一般庶民に苗字が許されたのは明治時代以降と考えられていたが、実際には江戸時代にも苗字を有しており、公的な書類以外には苗字を記していたことが、今は指摘されている。高野山龍光院に残された登山帳でも、彼らは苗字を記している。

　さて、上記の人々は、同じ埼玉郡から来てはいるが、登山日が2つに分かれている。またこの記載だけでは、彼らがどういう集団なのかはよくわからない。村も同一ではない。もちろん、講に関係するのかどうかもこの記載からはわからない。では、この史料は登山の記録というだけで終わってしまうのだろうか。もう少し調べてみることはできないのだろうか。

　そこで、参考になりそうな資料が、先に文書資料の例としてあげた自治体史である。彼らの居住地である埼玉郡下野村・串作村・明願寺村・志多見村は、現在の埼玉県加須市である。そこで『加須市史』資料編を

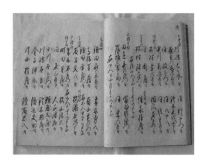

写真特 2-1　龍光院「武州登山帳」表紙および巳之助たちの記載箇所
（長谷部八朗編著『「講」研究の可能性Ⅲ』収録拙稿より）

みてみると、埼玉郡下ノ村の川嶋巳之助による天保 12 年の「伊勢参宮
日記」が翻刻されている。下野村と下ノ村は同じである。江戸時代は、
各地域で伊勢講が営まれ、定期的に講員の何人かが代参で伊勢詣をして
いた。参拝者たちは、「道中記」「参宮日記」などを記し、他の講員へ記
録として残した。伊勢への参宮は、東国からは何回も行くことができる
わけではないので、参宮後、さらに関西や四国方面にまで足を伸ばす参
拝者もいた。

　『加須市史』に載っている川嶋巳之助「伊勢参宮日記」を読んでみる
と、先ほど龍光院の「武州登山帳」に名前が載る人々が、伊勢講で伊勢
へ出発したメンバーに出てくる。一行は伊勢参宮後、そのまま国元へ帰
る人びとと、さらに足を伸ばして旅を続ける人びとに分かれ、巳之助た
ちは、伊勢後も旅を続け、高野山へ参詣したのである。つまり、彼らは、
伊勢参宮をする伊勢講の講員で、参宮後に 2 つの組に分かれ、それぞ
れが一つの組として再編成されて旅を続け、高野山へも参詣したのであ
る。

　つまり、高野山の登山帳からだけでは、登山した一行の性格はわから
ないが、地元に残された資料、この場合は「伊勢参宮日記」を読み解く
ことによって、この団体が伊勢講をもとに再編成された集団であること
がわかる。このように、講の仕組みを応用することによって、それ以外

の集団の性格をみつけることができる。むろん、このようにうまく資料がみつかる場合ばかりではない。しかし、あらゆる方向から資料を探すことで、一見関係がないように思える資料を読み解くヒントが出てきて、そこから思いがけない発見もある。それにより、その資料を残した集団・個人が所属する講の性格がわかっていく。

　「講」の仕組みを応用することで「講」を名乗る集団に加え、講に類似した集団をも分析の視野に取り込んでアプローチすることができる。これは講の融通性であり、「講的」性格の柔軟性である。

文書資料の面白さを感じよう

　文書資料は、1回読んで内容を把握できれば完了というわけではない。最初はよくわからなくても何回か読み返すことで、見逃していた点や新たな気づきがある場合も多い。調査が進むにつれて、自分の知識も増えてくるので、理解が進み関連性が発見できるからである。その結果、当初は関係ないと思っていた資料やこれまで見過ごしていた資料に新たな発見を見出すこともある。取り扱う際の注意点を心に留めながらも、このように資料のつながりを自分なりに把握できるようになると、文書資料を読み解く面白さはどんどん広がる。

　もちろん、文書資料は他の資料群と相互補完関係にあり、それだけで完結するものではない。物質資料・伝承資料などと補完しあうことによって、講の実態を浮かび上がらせることができる。

3 物質資料

（乾賢太郎）

世の中は、あらゆるモノで溢れている。たとえば、日常生活で使用する道具から美術品や工芸品といった芸術・創作作品まで幅広く存在している。本項では、人間が文化的活動の結果に生み出したすべての物質のことを「モノ」という言葉で表すことにしたい。

さて、講集団にとってもモノとのかかわりは深い。よって、講集団と関係するモノを調査・研究することで、講集団の歴史や実態が浮き彫りになることもあり得るのである。ここでは、講集団にかかわるモノについて具体的に取り上げるが、以下は宗教的な講集団を想定し、その集団の活動に表れるモノについて考えていく。

在地における活動とモノ

宗教的な講集団は、信仰対象が人々の暮らす地域の内にある場合を在地講（または村内講）といい、地域の外にある場合を参拝講（または参詣講）と呼ぶが、共通する部分も見られる。それは地域内において宗教的な活動を行うということである。

かつて、講集団に属した人々は年番（年ごとに交代する当番）の家を宿として、そこに参集し信仰行事を催した。たとえば、在地講の代表例である念仏講では亡者への供養のため宿に集まり、念仏を唱えたが、その際に大数珠を皆で回し、音頭取りが伏鉦を叩いた。あるいは、木魚や締め太鼓を叩くケースもみられる。唱和する念仏の回数を間違えないよう数取器が用いられることもあり、主尊である地蔵尊や阿弥陀如来、「南無阿弥陀仏」の文字が書かれた掛軸を祭壇に飾ることもあった。

参拝講は江戸時代後期から活発になり、庶民による著名な霊山・社寺への参詣は盛んになった。全国にはさまざまな参拝講が存在するが、関東を中心に爆発的に流行したのは、富士山を信仰する有志の集団である富士講であった。毎月、富士講の人びとが地域のなかで行う「拝み」

（講の勤行）では、「御三幅」と称された 3 幅の掛軸を掛け、講祖である長谷川角行（1541-1646）や食行身禄（1671-1733）などの教えを記した経典「お伝え」を詠じる。また、講によっては「お焚き上げ」といって、御三幅の前に角火鉢状の箱を置き、そのなかに線香を積み上げて白紙を燃やし、その燃え方で吉凶を占うこともあった。

参拝講とモノ

　参拝講の場合、講の代表者が霊山・社寺へ赴く「代参」の形を取ることが多かった。代表者の決定はくじ引きで決めることがあり、一度出かけた者は、翌年のくじ引きから除外された。代参の費用は講員が講金として毎月一定の金額を積み立て、代表者はその資金をもって参拝へと出掛けたのである。代表者や講金など代参に関するすべての記録は台帳で管理され、次年度の代表者へと引き継がれる講の道具の一つとして考えられた。

　参拝講が各地へと旅立つ際には、講印が付いた菅笠、登山記念の印を捺した行衣や金剛杖などの装束を身にまとい、講旗としても使われたマネキを持って旅に臨んだが、これらの装束類に記された文字・文様・印影なども講集団を知るためには有益な情報である。

　さて、神奈川県伊勢原市にある大山は、別名「雨降山」ともいわれ、関東近県では雨乞いの山として広く知られている。大山講の雨乞いの際には山から水や酒を授かり、それを地域の用水や河川などに注ぎ込むことで降雨を願ったが、水や酒を運ぶ道具に御神酒徳利を納めた御神酒枠がある。これは 2 基で一対になっており、担ぎ棒を通して運搬していたが、枠となる部分が社殿風の凝った造りとなっているものもある。

　東京都青梅市の武州御嶽山は農民から五穀豊穣のため信仰され、関東近県には武州御嶽講が組織された。講では山の眷属（神の使い）である山狗の大口真神の姿を刷り込んだ護符を授かり、火難除け・盗難除けとして蔵や戸口に貼り、虫害除けとして辻や畑に立てることもあった。このように、参拝講が授かった護符類には人びとが希求した願意が込められているが、願意の内容や傾向を考えることで、信仰の時代性や地域

性も導き出せる場合がある。

石造物の造立

　江戸時代になると、中世から行われていた月待・庚申待の習俗やそれに関連する板碑の造立は庶民にも浸透し、石造の供養塔が各講集団でも建てられるようになった。在地講の一つである庚申講でも庚申供養塔を作り、塔の形は三猿塔、青面金剛像、文字塔など多様であった。これらの塔には造立の意趣の刻銘がしばしばみられ、二世安楽つまり現世（この世）と当世（死後の次の世）を安楽・安穏に過ごすという意図が込められていることがある。同様の傾向は念仏講が建てた念仏供養塔にもあったが、石塔は逆修供養（生前から来世の冥福を祈ること）のために造立した例も見受けられる。

　次に参拝講だが、現世利益の祈願、参拝や堂社建立の記念、満講（代参が一巡したこと）の祝賀などのために石造物を霊山・社寺に建立することがあり、参拝の際には、これらの石造物の前で儀礼や祭祀を奉ずることもある。

　富士講で特徴的な築造物としては、富士塚があげられる。富士塚とは、富士山を模した塚のことで、山内の各所を再現し、富士山の遥拝所としても機能した。種類としては、自然の丘や山を利用した円墳型と、富士山の溶岩（＝黒ボク）や大きな石を積み上げて作った石積型に大別でき、富士講は山裾から山頂にかけて石祠や講碑といった石造物を建てたのである。富士塚は富士講の祭祀場所にもなり、彼らにとっては重要な信仰対象にもなった。

　次に、木曽御嶽山（長野県・岐阜県）を信仰する木曽御嶽講（以下、御嶽講と省略）は霊神碑を納める習俗があり、他の参拝講が建立する石造物とは異なる趣がある。霊神碑は木曽御嶽山などで修行し、霊神号を取得した行者や講員を祀る碑のことで、主に御嶽講の人々が造立する。木曽御嶽山では、御嶽講が山内に霊神場を設け、霊神碑を管理することが多く、参道沿いには多くの霊神碑が林立している。また、御嶽講が活動する各地でも霊神碑を建て、その前で儀礼や祭祀を執行することもあ

る。なお、御嶽講においても講碑や霊神碑を集め、木曽御嶽山に見立てた御嶽塚を在地に築くこともあり、富士塚をもつ富士講と同様に、御嶽講の拠りどころとなっている。

大絵馬の奉納

　奉納物は神仏への祈願のため、あるいは願いごとが成就したことへの感謝のために社寺へ納められるモノの総称である。そのなかの代表例として大絵馬（大形の絵馬）がある。ここでは、東京都大田区北嶺町にある御嶽神社の事例を考えてみたい（大田区立郷土博物館編〔2019〕『嶺の御嶽山と一山行者』大田区立郷土博物館）。

　通称「嶺の御嶽山」と呼ばれる北嶺町の御嶽神社は、木曽御嶽山の関

図特 3-1　大絵馬「常盤橋落成図」部分（明治 7 年 8 月以降、御嶽神社所蔵）

東第一分社であり、かつては関東一円から多くの参拝者を集めた。その隆盛を偲ばせる奉納物として、当社にも大絵馬が存在する。御嶽神社の大絵馬は江戸時代末期から昭和時代前期にかけて奉納されたものが多くあり、社殿内には数多の額が掛けられている。例えば、「常盤橋落成図」という大絵馬には、次のような逸話が残る。

　木曽御嶽山の麓は往来が不便な場所が多く、明治時代の初めごろまで三岳村の橋渡では渡船（筏に乗り、両岸に渡された縄を手繰って往来する方法）を利用していた。こうした登山者の困難を見た東京の木曽御嶽講の北常盤講中は、明治7（1874）年に巨費を投じて、橋を寄進した。このことから、同講中の功績を称えて、常盤橋と命名されたという。この大絵馬は常盤橋の落成式を行った記念として作られた献額で、橋の中央には神饌を供える祭壇や、その周囲には旗や破魔弓などを持った人を配置して上棟式の様子を描き、渡り初めをしている場面を表している（図特3-1を参照）。また、額中には「先達　杉田兼松」をはじめとした北常盤講中の人びとの姿や氏名が書き込まれており、これらは橋や大絵馬の奉納者を表していると想定される。さらに、額中右側にある橋の袂には「常盤橋」と刻まれた石碑が描かれているが、かつての常盤橋が架かった場所にも「常盤橋架橋記念碑」が実在する。この石碑の正面には「常盤橋」、裏側には「明治七年七月　杉田兼松」の刻銘がみえることから、描かれた石碑は実存する石碑を表しているといえるだろう。

　大絵馬は祈願や報謝のために寺社に納められることが多いが、「常盤橋落成図」のように築造やこれに関与した人びとの記念や功績を称えるために奉納されることもある。大絵馬のなかには講集団の歴史を知るための重要な情報を有したものもあり、これを分析することで講集団の足跡を追うことができるといえよう。

　ここまで講集団におけるさまざまなモノについて触れてきたが、彼らの活動に根づいたモノを調べることは、彼らの歩みをたどり、活動の実態を把握することにほかならない。まずは、眼前にあるモノと向き合い、モノの内なる声に耳を傾けてはどうだろうか。

4 伝承資料

（西村敏也）

伝承資料と講研究

　伝承資料とは、民俗学で利用する資料のことである。そもそも、民俗学とは、民俗といわれる人びとの生活にかかわる身近な文化を研究する学問であるが、民俗は、伝承という手段で伝達されるため、民俗学は、この伝承される民俗を伝承資料と位置づけ、それを利用して研究を進めてきた。ちなみに伝承のされ方は、口承と書承の2種類がある。口承とは口頭によって、書承とは文字によって伝承されるものである。

　講研究をするにあたっても、この伝承資料は重要な資料となる。そもそも講とは、ある目的をもって結成された組織のことであり、村や組などの制度的集団を補完するように、自主的に組織化されたものが多い。その結合のあり方はゆるやかで、それでいて、実は結束が強かったりと、社会のなかで重要な位置を占めている。講に関する民俗は、講組織の内規が慣例的であったりするためか、他の組織の民俗と比較するに、口承で伝えられている場合が多い。ただ、社会の動きに呼応するように、時代が下るにつれ、書承で伝えられるように変化してきている。

　以下では、伝承資料、特に口承とそれを収集するためのフィールドワークの聞き取り調査について、そして書承や口承が調査者によって記録・活字化された民俗誌の意義や収集について、検討したい。なお、講は、結成の目的・活動内容によって、信仰講、経済講、社会講など、さまざまに分類されるが、筆者は現在まで信仰講を中心に調査・研究してきたため、信仰講への調査・研究の成果から論じることとする。

伝承資料とフィールドワーク・民俗誌

　講にかかわる民俗は、記録もされず、伝承資料のうち特に口承で伝承されているケースが多い。そのため、フィールドワークにおける聞き取り調査によって、伝承資料を採取していく必要がある。さて、民俗学は、

最初に眼前の民俗に関心をもち、そこに疑問をもつことから始まるというが、講研究をするにあたっても、まず最初に、研究対象とする神社や寺院、講の周辺に、どのような民俗があるのか観察したり、話者から自由に話を聞くことになる。そして、その話のなかから疑問点を導き出し、それを解くために利用する伝承資料をみつけるため、また、疑問を解決するための方法をみつけるため、自分なりに質問項目を設定し、聞き取り調査を進めていくのである。そして、その結果を踏まえ、新たな質問項目を設定し、聞き取り調査を続ける作業を、解答に至るまで繰り返し、ブラッシュアップしていくのである。ちなみに筆者は、埼玉県秩父地方の山岳を信仰対象とする参詣講を長く調査・研究してきたが、それらの講は筆者の自宅もある関東地方に多く分布している。そのため、車を利用しての日帰り調査を多く実施してきたが、帰路、食事のために立ち寄ったファミリーレストランで、記憶が鮮明なうちに内容をまとめ（それを一旦寝かせて、後から再考もするが）、新たな課題や質問項目を設定する作業を行ってきた。

　このように調査が終わるたびに、聞き取り調査の成果を眺め次に臨むわけだが、まさに今実施している調査の現場でも、聞き取りをしつつ、同時進行で、これらの作業を繰り返す臨機応変さが求められることになる。筆者も現場では、常に5W1H、すなわち Who（だれが）When（いつ）、Where（どこで）、What（なにを）、Why（なぜ）、How（どのように）を意識しつつ、頭をフル回転しながら調査に臨むようにしている。

　ちなみに、解決に導く伝承資料は、わかりやすいものばかりとは限らない。たとえば、講研究における課題の一つは、講結集・維持の契機・理由についてであるが、そのことに関する事柄は集団の総意に基づくものなら寄合の場で発言というかたちで発露され、それを皆が共有し口承、もしくは書承として伝える場合もあろう。しかし、現在はリーダー的な人物が一人で講を支えているような状況もままみられ、その場合、講維持の理由などは、その個人の心に秘められている場合も多い。また、そのリーダーの思いを忖度し、その他講員が黙々と支えている場合もある。

こうなると、理由はわからずじまいということになってしまう。ことばで単純に表現できない心情のようなものとして存在しているからである。そのような場合は、心理カウンセラーが行うようなインタビューで丁寧に掬い取り、もしくは、参与観察を通じて体感し、自分というフィルターをいったん通して伝承資料として記録化させていくしかない。これらを、ものにするためには、ひたすら経験を積んでいくしかあるまい。

さて、古い時代の民俗を知るために聞き取り調査をしようにも、話者がいなくなっている場合も多い。そこで諦めるのかといえば、それは早計である。伝承資料は記録され、なおかつ活字化されている場合も多い。自治体史の民俗編、古い時代の民俗誌・雑誌など、また、報告書や研究者の論文などの文献のなかにも見出せる。ただ、それを記録した主体となる人物のねらいによって、聞き取られ方、記述のされ方はまちまちで、利用にあたっては細心の注意が必要となる。いずれにせよ、記録化された口承である民俗誌の利用なくして講研究は難しい。

その場合、図書館の郷土史コーナーなどで、古い民俗誌、自治体史の民俗編などをめくる作業が必要になる。丹念にめくり、事例を多く収集し、比較検討する。民俗学研究は図書館での作業も必須なのである。もちろん、書承もこれら民俗誌や文献に記載されていることも多く、やはり、図書館での作業は、避けがたいことと了解する必要があろう。

さて、筆者も、古くから継続する講の調査をすることが多いため、講が消滅していたり、話者がいなくなったりしているケースを多く経験してきた。その場合、やはり民俗誌を積極的に利用してきた。たとえば、先ほども述べたように、筆者のフィールドは関東地方が中心なため、研究するにあたっては、近世の『新編武蔵風土記稿』『秩父志』などの地誌類から、また『新編埼玉県史』（埼玉県）『群馬県史』（群馬県）などの県史や『川越市史』（川越市）『高崎市史』（高崎市）『伊勢崎市史』（伊勢崎市）などの市町村史の民俗編や民俗調査報告書、そして、雑誌『郷土研究』（郷土会）、地方の雑誌なら『埼玉史談』（埼玉県郷土文化会）『埼玉民俗』（埼玉民俗の会）『群馬歴史民俗』（群馬歴史民俗研究会）など、古いものから新しいものまで、民俗が記述されている民俗誌

を、すべてめくるようにしてきた。その他、調査地最寄の市町村立図書館には、郷土史家などが記録した私家版の民俗誌が収蔵されている場合もある。このように、現地でしかみられないような民俗誌も存在しているので、フィールドワークのため現地に赴いた際は、是非地元の図書館に立ち寄ってほしい。

講研究と伝承資料のこれから

　ここまで、伝承資料には、口承、書承、そしてそれが記録化された民俗誌があること、講研究は、それを利用しつつ進めていくことが重要であることを述べてきた。社会の変容とともに、口承は、書承へ、そして、近年は、活字などの文字媒体が電子媒体へと変化しつつある状況にある。ただ、それは単純に書承の媒体が変わったとか、民俗誌も電子化されたというレベルの問題で終始するものではない。研究方法を新たに構築するレベルの問題である。

　若い世代を中心に、現代人は、何かの情報・知識を得ようとする場合、活字媒体でなく、まず Web にあたる人が多い。それは、電子化された書物である場合であったり、口コミの類のようなものまでさまざまである。そして、それをみた人がそれらの情報から考えたこと、思ったことを、Web 上に記述し、それを読んだ人が……という具合に Web 内で知識・情報が果てしないくらい広がり、まさに Web 内が、伝承母体となっている。ただ、リアルな世界での広がり方と様相が異なっている。このように、伝承のされ方は、ここ 20 年ほどで大きく様変わりした印象がある。今後も、ますますその傾向は強まっていくものと考えられる。

　そのため、講に関する伝承資料のあり方も大きく変わり、その対応も新たに考えていく必要がある。たとえば、講側の活動においても、それを受け入れる宗教施設側にしても、記録、発信に関しては Web、SNS を積極的に利用し、また、宗教に関する人びとのコミュニケーションも SNS や Zoom などを始めとしたオンライン会議を利用・記録化し、それが伝承資料となっていくことがあろう。

　とは言え、伝統的な文化現象ともいえる講の研究は、引き続き、従来

の口承、書承、民俗誌といった伝承資料を利用していくことが中心になろう。そこに、電子化された伝承資料も利用していく局面が出てきたのである。しかし、今後は Web のなかで、研究視角を得るということも出てくるであろう。また、Web 内で発想を得たり、伝承資料を収集したり、まさに、Web 内でフィールドワークをするという思考も必要になってこよう。従来のリアルな世界でのフィールドワークと、Web 内でのフィールドワークとを突き合わせていくような作業も必要となってくるかもしれない。

　さて、講研究をするにあたっては、対象に関心をもち、疑問が見つかったならば、それを解決するためには、どのような伝承資料があって、それをどのように収集し、また利用し解決していくべきかをよく考え、フィールドワークを実践していく必要があろう。そして、とくに現代社会では、目を配るべき範囲は広がり、作業の労力が激増したことを肝に銘じるべきである。だが、それだけに、やり遂げた時の喜びはひとしおといえよう。

関連参考文献

天田顕徳（2019）『現代修験道の宗教社会学―山岳信仰の聖地「吉野・熊野」の観光化と文化資源化―』　岩田書院

綾部恒雄・青柳まちこ編（1992）『民族学コラージュ―共同体論その他―』　リブロポート

綾部恒雄監修、福田アジオ編（2006）『結衆・結社の日本史』結社の世界史1　山川出版社

市川秀之・中野紀和ほか編著（2015）『はじめて学ぶ民俗学』　ミネルヴァ書房

井上順孝（1991）『教派神道の形成』　弘文堂

井上順孝・阪本是丸編著（1987）『日本型政教関係の誕生』　第一書房

岩科小一郎（1983）『富士講の歴史―江戸庶民の山岳信仰―』　名著出版

エアハート, H・バイロン著、宮家準監訳、井上卓哉訳（2019）『富士山―信仰と表象の文化史―』　慶應義塾大学出版会

江守五夫（1976）『日本村落社会の構造』　弘文堂

大田区教育委員会編（1969）『大田区の民間信仰　庚申信仰編』大田区の文化財5　大田区教育委員会

大田区教育委員会編（1976）『大田区の民間信仰　念仏・題目・諸信仰編』大田区の文化財12　大田区教育委員会

大田区立郷土博物館編（2019）『嶺の御嶽山と一山行者』　大田区立郷土博物館

小倉慈司・山口輝臣（2011）『天皇と宗教』天皇の歴史9　講談社

笠原一男（1942）『真宗教団開展史』　畝傍書房

笠原一男（1970）『創価学会と本願寺教団―民衆宗教の体質―』　新人物往来社

加瀬直弥ほか（2016）『神仏関係考―古代・中世・近世・近現代―』鎮守の杜ブックレット1　神社新報社

神野善治（2000）『木霊論―家・船・橋の民俗―』　白水社

國學院大學研究開発推進センター編、阪本是丸責任編集（2020）『近代

の神道と社会』　弘文堂

國學院大學日本文化研究所編（1990）『社寺取調類纂　神道・教化篇』
　　國學院大學日本文化研究所

国立歴史民俗博物館編（1999）『民俗学の資料論』　吉川弘文館

小松和彦・関一敏編（2002）『新しい民俗学へ―野の学問のためのレッ
　　スン 26―』　せりか書房

阪本健一（1983）『明治神道史の研究』　国書刊行会

阪本是丸（1994）『国家神道形成過程の研究』　岩波書店

桜井徳太郎（1962）『講集団成立過程の研究』　吉川弘文館

桜井徳太郎（1988）『講集団の研究』桜井徳太郎著作集 1　吉川弘文館

櫻井治男（2010）『地域神社の宗教学』　弘文堂

佐野賢治ほか編（1996）『現代民俗学入門』　吉川弘文館

塩原勉・日置弘一郎編（1989）『伝統と信仰の組織』日本の組織 13
　　第一法規出版

島薗進（1992）『現代救済宗教論』　青弓社

島薗進ほか編（2015）『勧進・参詣・祝祭』シリーズ日本人と宗教―近
　　世から近代へ―4　春秋社

宗教情報リサーチセンター編（2019）『海外における日本宗教の展開―
　　21 世紀の状況を中心に―』　国際宗教研究所宗教情報リサーチセン
　　ター

新城常三（1964）『社寺参詣の社会経済史的研究』　塙書房

新城常三（1982）『新稿社寺参詣の社会経済史的研究』　塙書房

神仏分離 150 年シンポジウム実行委員会編（2020）『神仏分離を問い
　　直す』　法藏館

鈴木昭英編著（2001）『富士・御嶽と中部霊山』（山岳宗教史研究叢書
　　9）名著出版　ただし初出は 1978 年

鈴木栄太郎（1968）『日本農村社会学原理』　未来社　（ただし初出は
　　1940 年）

鈴木正崇（2015）『山岳信仰』　中公新書

鈴木正崇（2018）「明治維新と修験道」『宗教研究』92-2　日本宗教学
　　会　131-157 頁

須藤健一編（1996）『フィールドワークを歩く—文化系研究者の知識と
　経験—』　嵯峨野書院

世田谷区立郷土資料館編（1992）『社寺参詣と代参講』　世田谷区立郷
　土資料館

高橋統一（1994）『村落社会の近代化と文化伝統—共同体の存続と変容
　—』　岩田書院

竹内利美（1990）『村落社会と協同慣行』竹内利美著作集1　名著出版

武田幸也（2018）『近代の神宮と教化活動』　弘文堂

武田秀章（1996）『維新期天皇祭祀の研究』　大明堂

田中秀和（1997）『幕末維新期における宗教と地域社会』　清文堂

谷口貢・松崎憲三編著（2006）『民俗学講義—生活文化へのアプローチ
　—』　八千代出版

田村馨（1950）「東北の講集団」『民間伝承』14-12　19-22頁

鳥越皓之編（1989）『民俗学を学ぶ人のために』　世界思想社

中山郁（2007）『修験と神道のあいだ—木曽御嶽信仰の近世・近代—』
　弘文堂

西海賢二（1989）「富士講と御師—マネキの資料紹介をかねて—」日本
　民具学会編『信仰と民具』日本民具学会論集3　雄山閣　105-134
　頁

西海賢二（2008）『武州御嶽山信仰—山岳信仰と地域社会（上）—』
　岩田書院

西海賢二（2008）『富士・大山信仰—山岳信仰と地域社会（下）—』
　岩田書院

西村敏也（2009）『武州三峰山の歴史民俗学的研究』　岩田書院

羽賀祥二（1994）『明治維新と宗教』　筑摩書房

長谷部八朗（2003）「明治期における講社の実態—日蓮宗の場合—」
　『駒澤大學佛教學部論集』34　駒澤大学　69-114頁

長谷部八朗編著（2013）『「講」研究の可能性』　慶友社

長谷部八朗編著（2014）『「講」研究の可能性Ⅱ』　慶友社

長谷部八朗編著（2016）『「講」研究の可能性Ⅲ』　慶友社

長谷部八朗編著（2020）『「講」研究の可能性Ⅳ』　慶友社

幡鎌一弘編（2010）『近世民衆宗教と旅』 法藏館

原淳一郎ほか（2009）『寺社参詣と庶民文化』 岩田書院

肥後和男（1941）『宮座の研究』 弘文堂

平山昇（2015）『初詣の社会史』 東京大学出版会

福田アジオ（1969）『陸前北部の民俗』 吉川弘文館

福田アジオ（1982）『日本村落の民俗的構造』 弘文堂

藤本頼生（2015）「近代における神社講社制度の沿革と稲荷講」『朱』
　　58　伏見稲荷大社社務所　107-126頁

政岡伸洋（2018）「東日本大震災と『イエの継承・ムラの存続』―宮城
　　県本吉郡南三陸町戸倉波伝谷の場合―」『年報　村落社会研究』54
　　日本村落社会研究学会　145-190頁

松崎かおり（1993）「経済的講の再検討―『輪島塗り』漆器業者の頼母
　　子講分析を通して―」『日本民俗学』193　日本民俗学会　63-104
　　頁

松崎憲三・山田直巳編『霊山信仰の地域的展開―死者供養の山と都市近
　　郊の霊山―』 岩田書院

三岳村誌編さん委員会編（1987）『三岳村誌』上巻・下巻　三岳村誌編
　　さん委員会

宮内泰介（2004）『自分で調べる技術―市民のための調査入門―』 岩
　　波書店

宮田登（1993）『山と里の信仰史』 吉川弘文館

宮田登・坂本要編（1992）『俗信と仏教』仏教民俗学大系8　名著出版

宮本袈裟雄（1984）『里修験の研究』 吉川弘文館

宮本袈裟雄・谷口貢編著（2009）『日本の民俗信仰』 八千代出版

安丸良夫（1979）『神々の明治維新―神仏分離と廃仏毀釈―』 岩波書
　　店

柳田国男編（1937）『山村生活の研究』 民間伝承の会

山中弘（2012）『宗教とツーリズム―聖なるものの変容と持続―』 世
　　界思想社

和歌森太郎（1955）「太子講」『宗教公論』25-3　宗教問題研究所
　　89-92頁

索　　引

監修者紹介

長谷部八朗（はせべ　はちろう）／序章／駒澤大学名誉教授／『祈禱儀礼の世界』（名著出版、1992 年）、『般若院英泉の思想と行動』（共編著、岩田書院、2014 年）

編集委員紹介（執筆順）

牧野眞一（まきの　しんいち）／第 1 部第 1 章／二松學舎大学非常勤講師／「木曽御嶽講の御座―儀礼の機会と独座―」桜井徳太郎編著『シャーマニズムとその周辺』（第一書房、2000 年）、「関東の稲荷講と祭祀集団―その形態と変容―」長谷部八朗編著『「講」研究の可能性』（慶友社、2013 年）

石本敏也（いしもと　としや）／第 1 部第 5 章／聖徳大学文学部准教授／「棚田稲作の継承」『日本民俗学』279 号（2014 年）、「講集団の存続」長谷部八朗編著『「講」研究の可能性Ⅲ』（慶友社、2016 年）

市田雅崇（いちだ　まさたか）／第 2 部第 2 章／立教大学文学部特任准教授／「神社の儀礼にみる歴史性と宗教性」鈴木正崇編『森羅万象のささやき―民俗宗教研究の諸相―』（風響社、2015 年）、「地域社会の禁忌の越境と信仰の世界」和崎春日編『響きあうフィールド、躍動する世界』（刀水書房、2020 年）

髙木大祐（たかぎ　だいすけ）／第 3 部第 1 章／成城大学文芸学部非常勤講師／『動植物供養と現世利益の信仰論』（慶友社、2014 年）、「共有地の活用と地域社会―和歌山県内の事例を中心に―」岩田一正編『「環境資源」に見られるグローカル現象の動態』（成城大学グローカル研究センター、2021 年）※編集委員長

乾賢太郎（いぬい　けんたろう）／特論 3／大田区立郷土博物館学芸員／「髙尾山の信仰組織」松崎憲三・山田直巳編『霊山信仰の地域的展開―死者供養の山と都市近郊の霊山―』（岩田書院、2018 年）、「嶺の御嶽山とその信仰者たち」大田区立郷土博物館編『嶺の御嶽山と一山行者』（大田区立郷土博物館、2019 年）

西村敏也（にしむら　としや）／特論 4／武蔵大学人文学部非常勤講師／『武州三峰山の歴史民俗学的研究』（岩田書院、2009 年）、「宝登山のオイヌサマ信仰と宝登山講」『山岳修験』57 号（2016 年）

執筆者紹介（執筆順）

小林奈央子（こばやし　なおこ）／第1部第2章／愛知学院大学文学部教授／『宗教とジェンダーのポリティクス』（共著、昭和堂、2016年）

岡山卓矢（おかやま　たくや）／第1部第3章／宮城県柴田町教育委員会しばたの郷土館学芸員／「近代における契約講の変化―宮城県大崎耕土の事例から―」長谷部八朗編著『「講」研究の可能性Ⅳ』（慶友社、2020年）

戸邉優美（とべ　ゆみ）／第1部第4章／埼玉県教育局市町村支援部文化資源課指定文化財担当主任／『女講中の民俗誌―牡鹿半島における女性同士のつながり―』（吉川弘文館、2019年）

高山秀嗣（たかやま　ひでつぐ）／第2部第1章／国立音楽大学非常勤講師／『中世浄土教者の伝道とその特質―真宗伝道史研究・序説―』（永田文昌堂、2007年）

武田幸也（たけだ　さちや）／第2部第3章／國學院大學兼任講師／『近代の神宮と教化活動』（弘文堂、2018年）

久保康顕（くぼ　やすあき）／第2部第4章／行田市文化財保護課／『山伏の地方史』（共著、みやま文庫、2017年）

鈴木昂太（すずき　こうた）／第3部第2章／東京文化財研究所研究補佐員／「祭祀組織研究と地縁・血縁―広島県備北地方の荒神名を再考する―」長谷部八朗編著『「講」研究の可能性Ⅳ』（慶友社、2020年）

髙田　彩（たかた　あや）／第3部第3章／國學院大學日本文化研究所PD研究員、大正大学非常勤講師／「武州御嶽山の社会組織―女性の役割に注目して―」『宗教と社会』25号（2019年）

天田顕徳（あまだ　あきのり）／特論1／北海道大学大学院メディア・コミュニケーション研究院准教授／『現代修験道の宗教社会学―山岳信仰の聖地「吉野・熊野」の観光化と文化資源化―』（岩田書院、2019年）

村上弘子（むらかみ　ひろこ）／特論2／駒澤大学仏教経済研究所研究員／「近世における高野山史の成立について―懐英『高野春秋編年輯録』編纂を通して―」『日本仏教綜合研究』19号（2021年）

人のつながりの歴史・民俗・宗教 ―「講」の文化論―

2022 年 4 月 5 日　第 1 版 1 刷発行

監修者―長谷部八朗
編　者―講研究会編集委員会
発行者―森口恵美子
印刷所―壮光舎印刷
製本所―グリーン
発行所―八千代出版株式会社
　〒 101-0061　東京都千代田区三崎町 2-2-13
　TEL　　03-3262-0420
　FAX　　03-3237-0723
　振替　　00190-4-168060
＊定価はカバーに表示してあります。
＊落丁・乱丁本はお取替えいたします。

ISBN 978-4-8429-1828-0